昭和二十年、二十歳の日記

望月 嘉代子
MOCHIZUKI Kayoko

文芸社

目次

母の日記についての補足

長女　和子

この日記は母・望月嘉代子（当時二十歳）の昭和二十年のものです。

母ははじめ、個人的な日記を他人にお見せすることを、まして戦時中という特殊な状況下で書いたものを世に出すことを嫌がっていました。しかし、私が日記の中の母の絵に特に感銘を受けたのと、終戦直後の混沌期、それまであった当たり前の生活が戦争によって奪われ、何をどう考えればよいのか分からず、不安と虚脱感で呆然となりながらも必死に生きていた様子が身に迫ってくるようで、ぜひ多くの方々に知っていただきたいと思い、出版することを決めました。

この日記からは、母は、今の私たちから見るとびっくりするほど愛国心にあふれた女の子のように思えますが、当時としてはそれが当たり前の心情で普通だったのだと思います。愛国心が特別に強かったわけではなく、ごく普通のまったく目立たない女の子でした。

母はよく「私にとって戦前と戦後ではまったく別の世界になってしまった」と言っていました。勝利を信じて頑張ってきたのに無条件降伏というかたちで終結したことで、人々の意識や価値観が一変したのでしょう。

日記の中に出てくる「大森」とは、母の長姉「おの江」（母の十四歳上。「オッキネサン」と呼んでいた）の嫁ぎ先で、読売新聞販売店を経営していました。当時、新聞販売店は戒厳令のような国家総動員法の一部として疎開や閉店は許されなかったそうです。

「川崎」とあるのは、次姉「美代子」（母の三歳上。「チッサネサン」と呼んでいた）の嫁ぎ先と思われるのですが、今は思い出せないそうです。

「敏坊」というのは「おの江」の次男で、当時二〜三歳。疎開できない両親のために祖母と母が預かっていました。敏坊の兄の「悦郎《えつお》」は当時小学生で学童疎開をしていました。

母は当時、日本の民間航空輸送を担う大日本航空（銀座）勤務でしたので、疎開先からの通勤は大変だったと思います。日記にも書いていますが、一時、退社して近くの勤めに変わったこともあります。会社は辞めたくなかったようですが、両社とも主にトレースの仕事をしていたようです。通勤の途中で空襲のため汽車が止まってしまうことも頻繁にあったそうです。夜だと街灯もない畑道を歩いていると星明かりに気付くこともあったそうです。

「兄」とあるのは、母の九歳上の「雷太郎」です。徴兵検査は胸の病気の痕《あと》のために不合格だったことをずっと残念がっていたそうですが、終戦近くになってから満洲に自ら志願して行っています。

日記の中にある焼け残った母の母校というのは本郷にある聖学院で、母と二人の姉は聖学院の女学校を卒業しました。母の女学校時代の親友は家が代々クリスチャンで、本人も牧師さんと結婚しました。聖学院が空襲で焼け残ったのはキリスト教系の学校なので、アメリカ軍が爆弾を避けて落としたのだと信じていたようです。

「古川さん」とあるのは、駒込駅近くの今は「古河庭園」のことです。

その他の人物は、今となってはほとんど覚えていないそうです。ただ一人、日立の「世っちゃん」は祖母の姉「なつさん」の息子で、母の従兄弟です。同じ年頃で子供のころは母や美代子叔母とよく一緒に遊んだそうです。ちなみに祖母の名前は「あき」、もう一人のお姉さんの名前は「はる」といいます。生まれた季節がそれぞれ名前になったのですね。

世っちゃんは戦後、無事に育って、日立にある小学校の校長先生として退職しました。私たち（私と妹）は「森先生」と呼んでいました。

第二次世界大戦については劇的なお話などさまざまある中で、こんな普通の女の子が綴った日記も戦争の記憶の一部として記録されてもよいのではないかと思います。一人でも多くの方に読んでいただき、戦争について考える一助になれば幸いです。

私の昭和二十年、二十歳の日記

一月一日（月）

昭和二十年一月一日の朝は夢現《ゆめうつつ》に警報を聞きつつ明けた。

まさに決戦の年である。

元旦の新聞に特攻隊のレイテ決戦の戦果がのっている。

常夏の基地は元旦といえども休みなく、銃後もまた一億必死の敢闘を続けつつある。

一年の計は元旦にあり、昭和二十年はまさに決戦に始まり、決戦に暮る年であろう。

我ら一億も覚悟を新たにして、山あり谷あるこの危急の時をよく切り抜けねばならない。

輝かしきかな昭和二十年。

我ら幸いにして、この年に生を受く。

歴史を築き、歴史を育てあげ、悠久二千六百余年の歴史を更に更に続かしめ、子孫の栄達を計るの業《わざ》は、かかりてこの年に生を受く我らの肩にかかる。

老いも若きも我ら昭和の民は、あげて銃をとり、釼《つるぎ》を握って、醜敵《しゅうてき》米英撃滅に邁進せねばならない。

かく過ぎし昭和十九年はまさに苦難の年であった。

サイパンの玉砕、古賀司令長官の戦死。ペリリュー、大宮島と打ち続く戦報に、我らはいかに涙をのみつつ、かの地にて玉砕せし幾万の将士に手を合わせしことか。

ここに米英はまさに意気込みて本土近き台湾に艦隊を進め来たった。

この時、一億の憤怒はまさに天を突き、うら若き盡忠《じんちゅう》の万朶《ばんだ》、神風の各将士、一億の心を担いて進み来る敵艦に身をもって轟沈せしむ。

しかしながら、敵はいよいよ戦意をたくましくして東亜侵略の第一歩をフィリピン、レイテに印《しる》す。

物量につぐ物量をもって我らを圧倒せんとす。

我ら物量に対する必死の心にて之に当たる。

かくて昭和十九年は暮れ、決戦は昭和二十年に引き継がれた。

過ぐる昭和十九年において、我らは敵の戦意、いよいよ鈍なるを知った。

また、敵の物量をたのむ弱点も知りえた。

過ぐる苦しき経験により、我らは敵撃滅の道を見出すのである。

我ら戦わん、我ら米英を撃滅せずんば止まじ。

皇国の戦、いよいよ急なる時、私生活においてもあらゆる隙間より忍びくる米英思想を追い払わねばならない。

まず個人として、まず第一に就職事がある。

今の職場にとどまるべきか、新しく職につくべきか。

職につくとすれば、いかなるところにつくべきか。

配給部は好い。しかし物質の豊富を願う心は米英の喜ぶところではあるまいか。

地方事務所もよい。しかし今の職場に比べれば我が意を得ぬこと、おびただしい。

日立は聞くところによれば七時半から七時までだという。

ああ、どれを選ぶべきか。

もう一つ残されたところに国民学校がある。

母を安心させるために共に住むべきことは必要である。

元の職場に居たいというのは自分のための願いであり、利己心である。

母の言うごとく自然の成りゆきにまかすのは、この戦局危急の際、遊んでいることのもったいなさ、恥ずかしさを感ずる。

物資はなくとも配給はなくとも、手の足りぬところを望むのが最もよいことではないか。

それから第二は心の改善である。

一つ何、一つ何と箇条書きを並べたところで、実行しようとすると、一々《いちいち》その箇条書きを頭の中でくり返さねばならぬ。それでは大変だ。

まず「米英の喜ぶことをするな」。これが決戦の年にふさわしい標語であり、またあらゆる意味も含まれてくると思う。

まず、できるかぎり自己改善をもって、この標語を実践してゆくのだ。

昭和十九年はあまりに小さきにこだわりすぎた。

心の闘争はしても、結局、得るところがなかった。

しかし昭和二十年もまた、前の例をくり返すようなことをしてはならない。前進あるのみ。

我ら銃後の民として、恥ずかしくない生活をしてゆかねばならない。

すべてのことは今の我が心の決心次第であり、また今時の実行いかんにあるのだ。

一月十一日（木）

一、二、三と夜の空襲がなかったと思ったら、また四日目あたりから毎夜のようにやってくる。ご苦労なことだと思うが、それにつけても我ら、決心の強きを期せねばならぬ。

レイテ島に戦を続けていた敵は、突如リンガエン湾に大船団をもって上陸を企図し来たった。空母三〇、その他数百を数える船艇であるという。

「特攻隊に送る飛行機を絶やすな」と、まさに必死の叫びである。

今日の新聞では敵は上陸を開始したらしい。敵に比島の土を踏ませてなるべきか。

我ら大和民族、全東亜民族を代表し、彼らを解放せんため、敵米英撃滅に邁進するのみ。

敵に比島を渡さんか、我ら一億、否、東亜十億の生存はなし。

比島を渡さば、相つぎて台湾本土に攻め来たらん。

断じて渡すまじ。敵は物量をたのむ。我らたのむはただ一億の心あるのみ。

老いも若きも銃とり剣とりて、敵に立ち向かわん。

飛行機の奔流を送りし米英を撃滅せん。

かくのごとき重大なる時、我未だ職業の岐路にある。

自分ながら歯がゆくもあるが、ただ成りゆきにまかすのみ。

今度、会社に行って、大森の方ならゆきたいと思いますと答えたが、なおよくよく考えれば汽車賃は月給の大部分となるし、こうして田舎へ来てみると、母一人の生活はいかに淋しいものとなるか、しみじみ思わされる。

要するに、自分自身の考えの足りぬために、あちこちするのである。

渋木さんに大森のことを話したとき、「日立は七時半から七時までだそうで」と言うと、「そうですね。こんな呑気な会社はあまりありませんからね」と言われた。全くそうであった。

私はかつて軍需会社と言って騒いだとき、すべての会社がそうであることを頭に入れて言っていたであろうか。

また、日立が無理だからと思う気持の中に、あんなにも工場を希望して偉そうなことを言いながら、安逸をむさぼる心が動いていたに違いない。

自分の軽薄、考えのなさが悔やまれる。本当に工場工場と騒ぎながら、今さら朝早いからとはどの口で言えよう。

また、こうして東京に勤める決心で田舎に帰ると、一人暮らしの淋しさが身に深く感じ、お母さんはどんなに淋しかろうと思い、そのくらいなら朝早くても日立に勤めた方がよいだろうと思ったりする。辞めるなら辞めると、どこまでもハッキリせねばならない。熟慮断行とは、この際、最も私に必要な言葉だ。

会社の方がかんばしくなければ、スッパリと心を決めて、この土地のものとなるばかり。東京に居るようになれば、お母さんも自然東京に多く居るだろうし、危険性もある。また行ったり来たりで身体も疲らせるし、お金はかかる。田舎に居れば朝早いだけで、万事うまくゆく。全くバカだとあきれるほかはない。今後もよほど考えてせねばならぬ。

東京行きはどう考えても不自然なのだから思いきって日立へゆくのがお母さんに対しても何よりであろう。身体の方は自分でもよく気をつけてやれば姉さんのようなことは起こらずともすむ。

お正月からこうではちょっと先が思いやられるが、十三日に行ったときは、画期のこと、勤める期間を理由にして、できうればこのままにした方がよいと思う。渋木さんはなかなかピンとくることを言うと思う。

半年いって月割にして約四十円では、お金持ならずとも女として、それまでしてするべきか、ちょっと迷う。しかし田舎で楽な勤めは日本人たる以上、できるわけはない。

一億存亡のとき、我ら何をなすべきか。それは一目瞭然、一切の私事を投げうち、敵撃滅に進むべきであるが、ガムシャラに考えなしに進んでも損するばかり。考えてしっかりと実行することが大切である。

東京に居るようになれば、それはそれでよいが、今後も一事一事しっかりと慎重を期せねばならぬ。東京行きに私情が入った事は否めぬ。お母さんの気持を考えないのか。

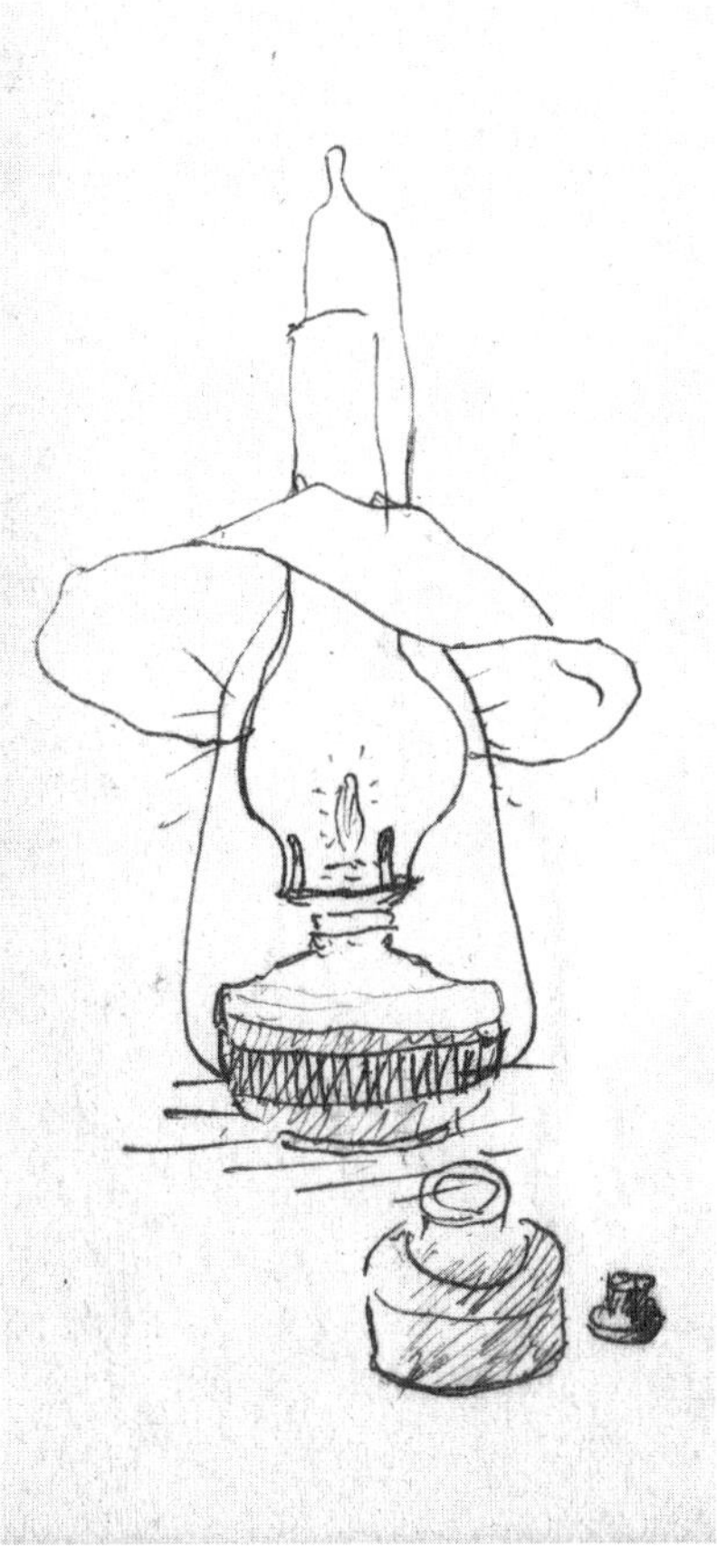

一月十五日（月）

疎開、疎開と言いながら、私の不決断から今のところ再び東京のものとなりそうである。なぜそれ相応の理由があったのに、再び東京を想うようになったのか、本当に馬鹿であった。お母さんのこのごろめっきり年取った感じや、口ばかりで早や神経衰弱的になっている自分を考えると、恥でも何でも構わぬから、今すぐにでも会社に行って「ヤッパリ辞めます」と言いたい。

本当に私自身、淋しくて居られそうもない。

殊《こと》に、一時別れの感傷できれいに洗い流されたような感じがしていた黒江さんのことが、戻ると同時にたちまち前以上の力をもって私にかぶさってくるようである。

頼みにしていた大森はいまだ前の持ち主が越さないし、これから改造してから住むというのでは、一体どのくらい先の話になるのかと、今すぐにでも行けるような意気込みであったのに、全く拍子抜けがしてガッカリした。

考えれば自分が浅はかであったのだが、十三日、本社に行ったとき、中島さんが「大森の方へ行ってもらいます（ここまでは良いが）、本社の忙しいときはこちらへ来て手伝ってください」とおっしゃられる。

そのときハッと思ったが、これから当分この出張が続くのではないか。そうなると思うと、母と別れて一人淋しい思いをして過ごすのに、さらにこんな苦しい重荷まで負わねばならぬとは。丸ビルの高層建築も急に灰色の谷間のような気がして心細いことかぎりない。黒江さんはすでに男の人達のものとなっている。もうかつての私の友ではない。私はあまりに夢を見すぎた。あまりに理想に走りすぎていた。

これからも例え大森のあの静寂なところに移ってさえも、会社にいる限り苦い幻影はつきまとってくるのである。徴用ならいざしらず、小さいながらも母と二人の楽しい生活は比すべくもない。今さらにして想う。

都会の何となくせかせかせきたてられるような気持に比べて、田舎はやっぱり人の心がゆったりしているためか、心からの落ち着きを感ずる。

母の淋し気な顔、そしてまた私自身の心の寂寥。一ヶ月といってがまんすることができようか。

不自由は忍ぶべし、都会の楽しさも忘るべし。土地に慣れよ。土に親しみて、土の香りをかぎ、心をすがすがしく健やかにせよ。

都会は我が住むべきところにあらず、土に親しまん。土を友とせん。

明後日また会社へゆくが、みっともなくても何でもよいから、大森が何日になるか分からぬことや淋しくて仕方ないことを言って、サッパリと会社と別れたい。

別れるに惜しき人なき分、良き人々との偲《おも》いを抱いて新しい職場に臨むのだ。どうしてもお母さんと別に住むのは嫌だ。

私の計画はとかく計画倒れになる。考えが足りないのか、何であるか、いつも思惑とちがってくる。

兄の外食は取り止めになり、まず重要な炊事のことが違ってきた。定期も買わないことになり、大森の方もかんばしくない。

比島の戦機はますます熟する。ああ、我何をなすべきか。

一月二十一日（日）

今度はついに辞めることにして、昨日田舎に帰ってきた。

この前あんなに意気込んで東京に出て行ったとき、やっぱり辞められなくて、平常着を取りに萱谷に帰ってきた。そのとき、おすえちゃんが森田さんに話したとか言って、駅前の横井製作所への世話を言ってくれた。東京に行ってがっかりしていたところであったので、これぞ天の指示とばかり、さっそく森田さんに頼んだ。

翌日、東京の本社に出て、「田舎の親戚の人がぜひ帰ってくるようにと言いますから」と苦しい言い訳をしたが、それがついに本当にされて辞めることができるようになった。

五時まで居残っていたら佐久間さんからお電話があった。

「望月さん、中島さんから聞きましたけど、どうしても駄目なんですか！」と言う。なぜ佐久間さんは私の前で言ってくれないのか。私は今でもあの声が耳に残っている。

このところ私は少しどうかしたみたいに東京に居ようか、田舎に居ようかと毎日毎日頭の中でくり返している。

東京に決まったこの間でさえ、田舎に居たくて矢もたてもたまらなくなったほどなのだから、田舎がやっぱりよいのである。

しかしながら改めてただ一人の生活となってみると、男の一人暮らしはかわいそうだとか、会社を移っても田舎の会社では、結構すぐ嫌になってしまうとか、疎開ということがあまり好感を持たれなかったりして、やっぱり東京の会社がよいだろうと言う。

都会の神経質さには耐えきれなかった私である。この十日間ばかりの田園生活で果して再び都会生活に向き直るだけの心を取り戻すことができ得ようか。

しかしながら結局、犠牲的精神と、また私自身の働く意欲からおして、横井は工場とはいえ、かき回しでは情なくなる。母の言に従って、ついに再度東京に決め、中島さん宛てに手紙を出した。

多分、今の方が早く出て、本社に戻るのはむずかしくなるのではないかとも思うが、そうなればやっぱり心のままに田舎暮らしをし、横井にでもがまんして勤めるばかりである。結局は私の心の決断力だが、今度は田舎に居たいということが私の利己的な望みになりそうである。

田舎に居る日の一日一日と長くなるにつれ、都会生活より暮しよい心安さを感ずる。

大森研究所の夢も追えば果しないが、たとえかきまわしでも田舎のお勤めはまたよきところがあろう。

西の空より新月の
清く輝き出づるとき
小さきそまやの戸を開けて
我は踏むなり霜柱

一月三十日（火）

第二十回のお誕生日は山に囲まれた小さな村、棚谷の宝来館の一室で目覚めた。疎開先より一日の労を休めるため、大門《おおかど》に一夜泊まり、昨夜、今日この宿で目覚めたのであった。すぐうしろに山を背負い、階段式に建てられたこの田舎屋は古びて、はしご段も幅がつかえそうに狭く、急である。何となく古びてほこり臭く、ここでもよいという田舎の人の気持が覗けるようである。

しかしながら窓から眺められる景色はなかなか良い。近くせまった雑木山が赤茶色でクッキリと青い空をかぎり、山ふところに小さな村をいくつか抱いている。朝な夕な家々の屋根が朝日夕日に赤々と染め出されて、ここに住む人々の心をしのばせる。

宿の石段を下りきると一本道で、畠の中を土手に続く川にはふさわしくない立派なコンクリートの橋がかかって、もしこの橋が木の橋か何かであったら全くの田舎である。何となくこの橋がとび離れた感じで、田舎はやっぱり田舎らしく木の橋か何かの方がよいと思う。

一日中こたつで好き放題本を読む。お母さんは退屈して「もう帰ろう」と言う。ひとたび帝都へ出れば母と別れての淋しい生活になると思えば、一日一日が無性に心にしみてならない。

いま日本は重大な危急に立っている。全くそのこととかけ離れたような旅宿の一室であるが、心は菅谷で二十七日の日に見た上野・松戸間不通の記事が心をかすめる。

もったいないと母とともに十時頃引き上げた。お米一斗近くと豆や何やと二人でしょって山道を、お寺を目あてに平根さんの家をたずねた。

お寺のすぐうしろと聞いたのに、そこから山を下ったり登ったり、だいぶかかってしまった。平根さんの奥さんにお昼をよばれ、豆をもらって三時半のバスでなつかしの太田に戻った。菅谷に着いたのは六時。さすがに思い出深いなつかしい旅ではあったが、菅谷の家はやっぱりよい。

20. 1. 29.　棚谷　宝来館ヨリノゾム

20.1.29 橋

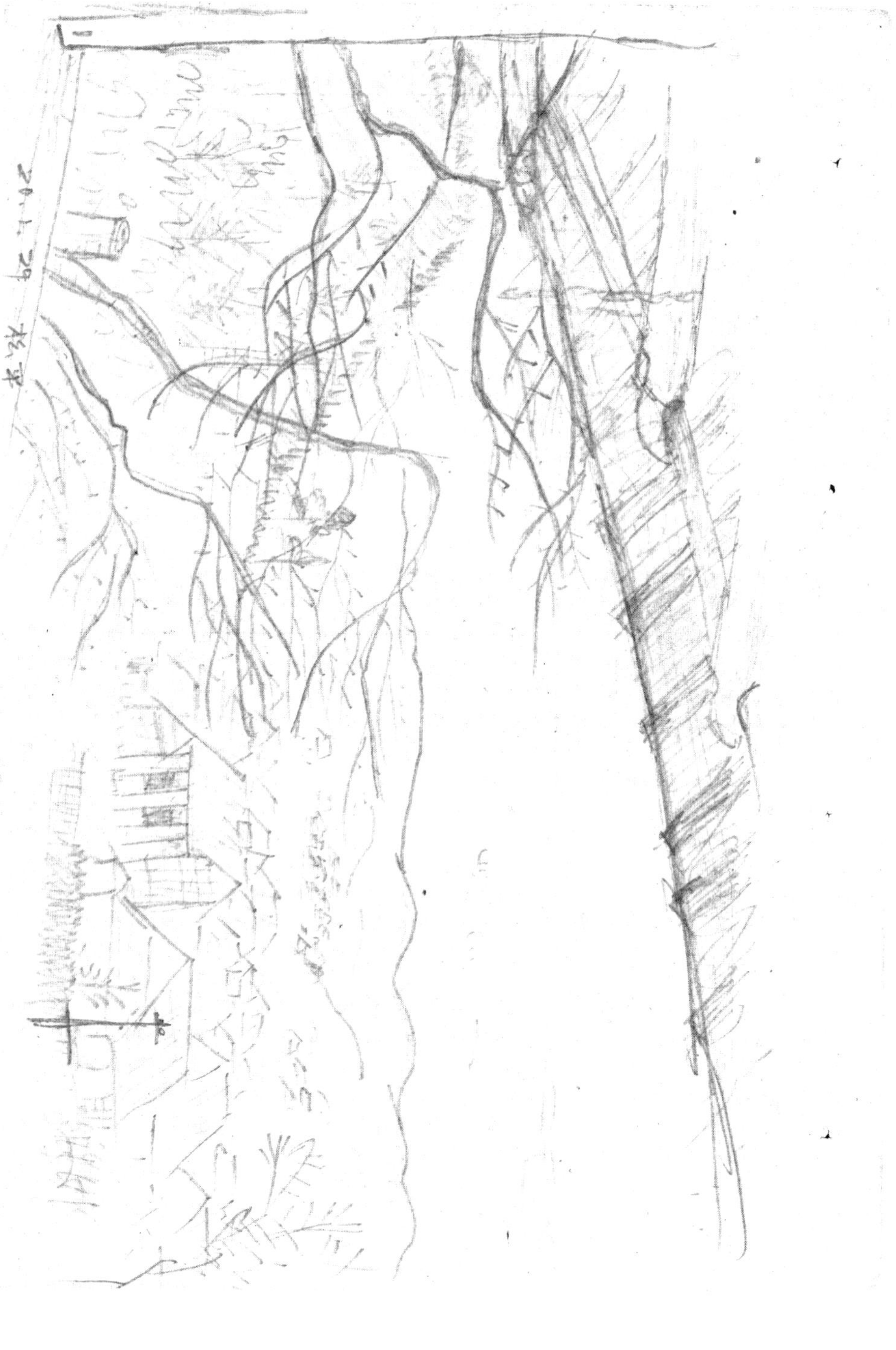

20.1.29

宇来館湯殿
20.1.29

20.1.29.

20.1.29 宝来館ノ一室

一月三十一日（水）

昨日、太田駅で見た有楽町駅営業停止との記事をきっかけに菅谷に戻ってから矢つぎ早に、東京、有楽町附近の被害のことを聞いてだいぶ驚いてしまった。

日比谷の交差点あたりもひどいとか。会社はどうしたろう。

義さんは二十七日の日、上野から松戸まで歩いたのだそうだ。

三時頃会社を出たので有楽町の方は様子が分からないとかだけれど、十中の六、七まで会社は被害を受けたのではないかと気になる。

来るべきものであったにちがいないけれど、今までの度々の空襲で無事であったのに、と課の人々が気になる。

幸いに被害はなかったとしても、例の電気ビルの地下では有楽町駅へ落ちた爆弾は相当強く響いたろうと思うと、のんびり地下に退避していたであろう皆のことを考えて、どんなであったろうかと想像する。

都内の交通機関も一時に止まり、女の人達も夜中に家へ着いた人が多かろうとのこと。全く丸の内の辺りは人が多いから一朝事あるとなかなかの騒ぎだ。

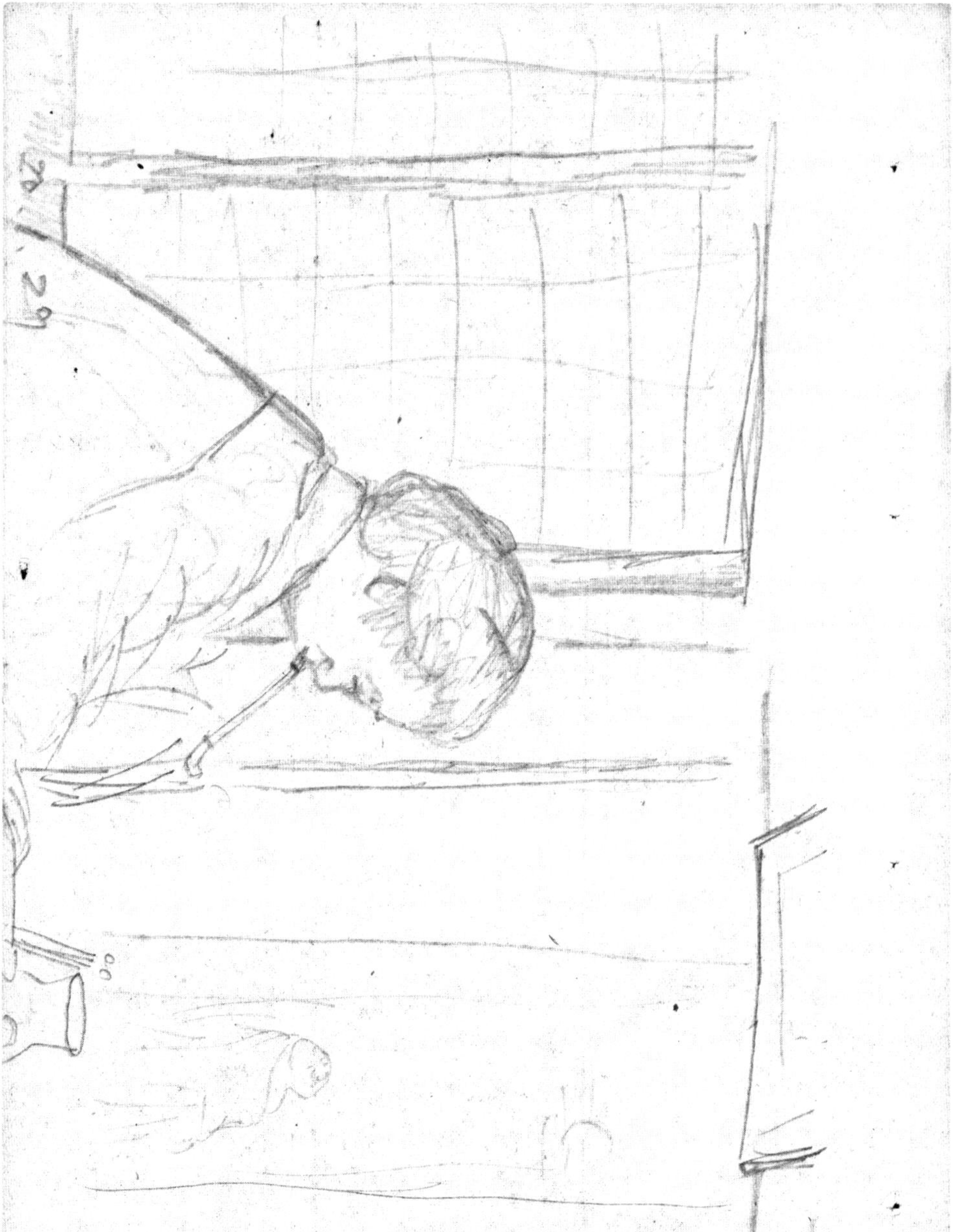

怖がりやの陳さんはどうしたろう。神経衰弱にならないかしら。

万一会社へでも（爆弾が）落ちたら地下の人々にケガはないかしら。

とりとめもなく考えると心配で心配でたまらなくなる。

今度上京してハッキリ決まるのだけれど、またこのことでどうなることか。

いざお母さんと離れるとなると、兄さんと二人の生活はたまらなく淋しいものに思われて心細くなる。

しかしこんな空襲に負けてなるか。来れば来るほど張り切って、最後の勝利に向かって進むのだ。

明日ゆけたら会社に行ってみるつもりだが、遅く着けば明後日だ。

二月十二日（月）晴

田舎より再び戦の帝都に戻ってから十日余りの日が過ぎた。

一昨十日には敵九十機が関東北部に盲爆をなしたほか、朝夕、一機か二機のゲリラ空襲にすぎぬ。

しかしながら、朝夕の新聞、報道にしても、ひしひしと日一日と戦局の緊迫せるを感ぜざるを得ない。

母と離れきて十日、最初の張りきり方に比べ、今日この頃は兄さんのことなどで何かにつけ田舎がなつかしい。

母の来る十七日が心から待ち遠しいが、またそれが過ぎたらどんな淋しさであろうかと、今から心配になる。

それにつけても幼い疎開児童はよく半年もの別離の生活に耐え得られたものと感心する。

二十一歳といえばもう大人の組で、一人前の生活は営み得るはずであるのに、かくも母が恋しいとは……。しかし、このような経験もまた良きものであるかもしれない。

父の生前の頃、家事見習いに女中に出すなどと言ったものだったが、それに比べたら自分の家で肉親の兄とともに生活できるのは、この上ないものと思わなくてはならない。

男というものは全く傲慢な横暴なものだとあきれるが、それを考えて大森の姉のところへは決して行かぬつもりで、できるだけ頑張らねばならないと思う。いくら今がつらくても大森へ行けば義兄や子供のことでもっと気まずいことも多かろう。朝のことは思ったより楽で、私の寝坊の悪いくせが抜ければ、まず安心である。

今日は何ヶ月ぶりでお風呂に行ったと思ったら、上り間際に警報が鳴りだした。電気が暗くなるやら、着物が見えなくなるやら、下駄を探す人、着物を見つける人、呼び合う人等々で、全くものすごいばかりであった。

こんなとき、あわててはならぬと思いながら、少々あわててしまい、シャツが見えなくなった。解除後に行ったがなかった。もし持って行った人がまちがって他のものと一緒に持って行って、あとで返してくれればよいが、まさかと思う油断がいけないのだ。

いろいろこんなことでしきりに母が思われるが、しかし東京に居てもらうことはできない。万一の爆撃の悲惨事を考えたら、母を呼ぶことはできない。

結局、体の悪い人とか老人、子供は東京に居られなくなるのではないか。丈夫な元気な者だけが帝都に残って、最後の勝利に向かって進むのだ。

比島の緊迫した戦局に並行して、ドイツは今、最大の危機に臨んでいる。盟邦の気持はいかであるか。我ら等しく戦うもの盟邦の善戦健闘を祈ってやまない。

我らはあくまで我が枢軸その勝利を信ずる。

米英にこの世界をゆだねることはできない。


一昨日のあの空襲のあと、五時頃の退社時間に加わって、例のものすごい混雑ぶりであった。幸いに大宮行に乗れたが、体を押しつぶされそうで、赤ちゃんや小さい子供を連れた人の心はさぞかしと思わずにいられなかった。

上中里で夢中で人から抜け出たとたん、「子供が死んだ。かわいそうに、どうしよう！」という泣き声がした。

見ると若い母親が半狂乱で叫んでいる。一人の人が背中の子供に手をやって、「冷たい」とかなんとか言って階段をかけ上がる。

見れば背の赤子はまだ半年くらいの小さい子で、丸々とした顔が真っ赤にほてり、寝込んでいるとしか見えない。まさかと思ったけれど、傍の者でも全くたまらない気持であった。

夕闇の中へ、教えられた医者へと泣きながら背中の子とともに走ってゆく母親の人の姿を見ると、何と言ってよいか、たまらぬ気持であった。

戦の現実、帝都には子供や老人は残るべきではない。

働きうる若人がしっかりと帝都を守ってゆくのだ。

幼い者を持つ人よ、老人よ、戦場を離れ、二度と米英の喜び、我々が悲しむ思いをせずにすむよう頼みます。

朝の光が敵空爆の廃墟を照らす
溶けきらぬ雪がまぶしい
廃墟の中の一筋道を人々の列が動く
職場へ、戦場へ向かうのだ
今日もまた、明日もまた、勝利に向って進んでゆくのだ
焼け残った倉庫、崩れた壁
かつての暖かき生活の営まれた家々は
今は焼け野原に変わって
一抹の悲しさをそそる
しかし、悲しんではならぬ
職場へ、戦場へと急ぐ人々の列を見よ

勝利へ、勝利の日まで
悲しみを隠し、苦しみを忍んで
ただ進むのだ
ただ朗らな朝日は廃墟をくまなく照らし
人々の列は絶え間なく進む
朝の一時《ひととき》

21.2.20

20.2.19.

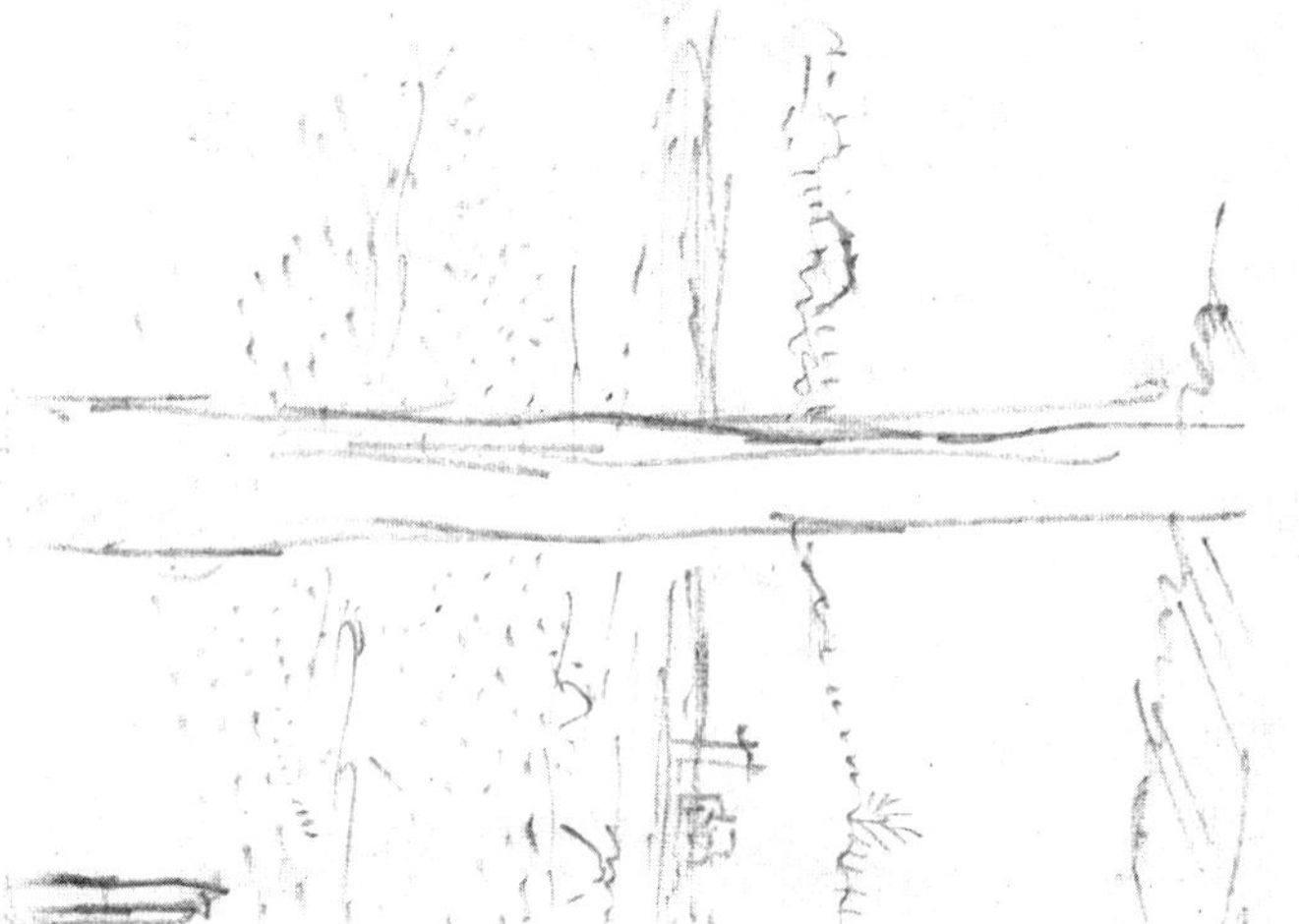

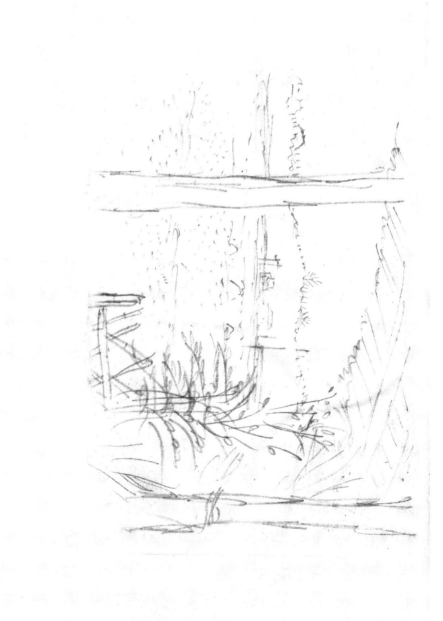

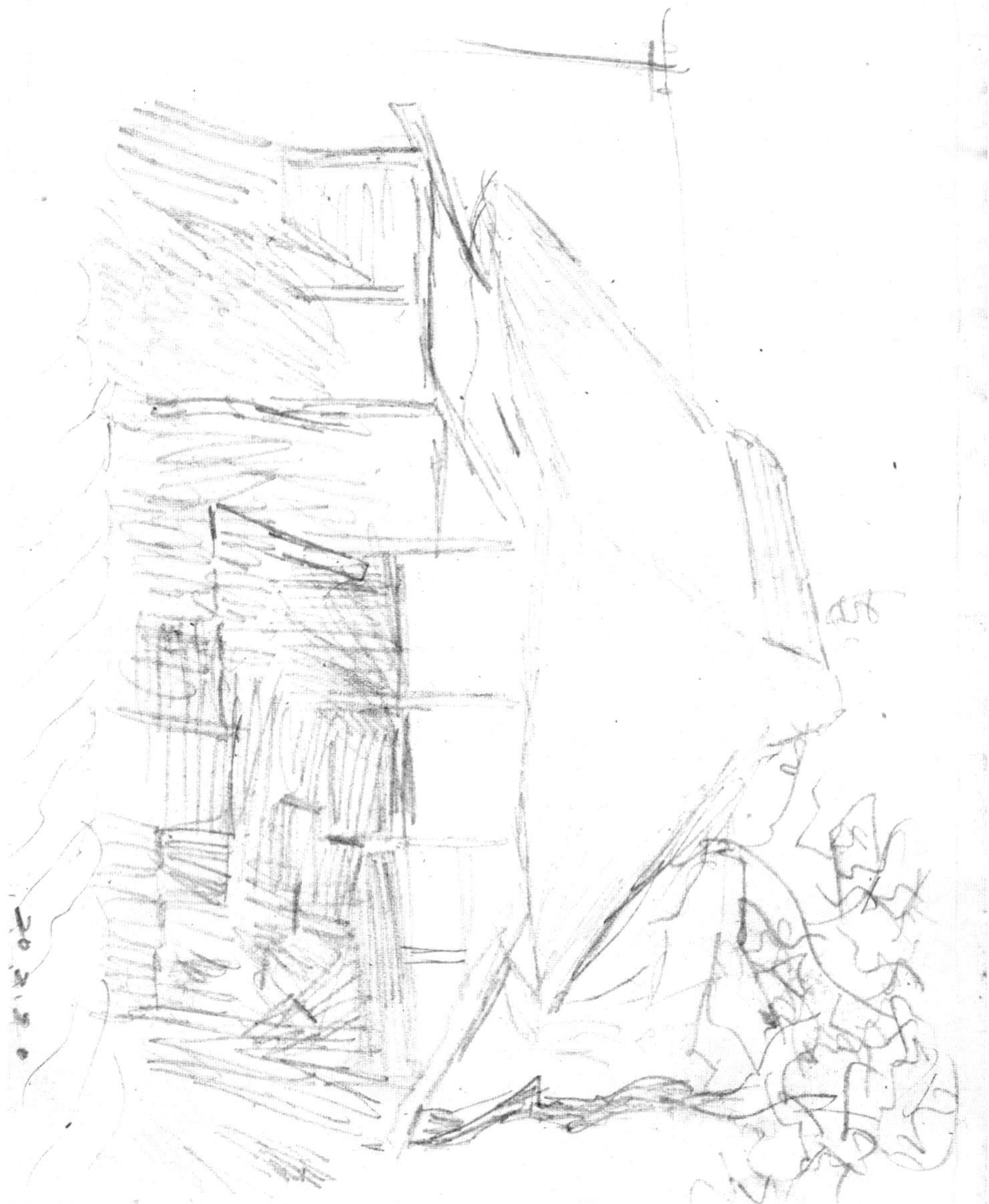

50.2.20

二月二十八日（水）

二月も何とか暮れ、明日からは陽春の三月となる。

この二月の間に何と国の変わりしことか。

また戦局の緊迫したることか。

十九日、敵、硫黄島に上陸開始、マニラの戦局いよいよ急。
十五、十六、十七に続き、二十五日、敵機動部隊よりの艦載機の来襲。
二十五日は併せてＢ29の盲爆が行われた。

二十五日はちょうど日曜で、朝から艦載機の来襲が伝えられ、空襲警報となった。

午後、暫時、小型機は姿を消し、午後よりの雪をつんざいて、二時半、Ｂ29来襲の警報が出た。


雪は粉雪で二十三日の雪のように、あとからあとからと降り続く。

悪天候も構わじとは、まさにこの時のことを言うのであろう。

「京浜西北に向いつつあり」の情報とともに爆音が近づき、頭の上で高射砲がバンババンとすさまじい音を立てたと思うまに、その音に混じってザーという滝が落ちてくる音が聞こえた。

兄と夢中で伏せた。私は雪の中に飛び込んだが、予期した爆発の音はなかった。

「焼夷弾かな」と兄と二人で顔を見合わせた。膝頭はガタガタとふるえて止まらず、心臓は大きく波打つ。

再び次の編隊の近接。またしても高射砲の音とともに不気味なザーという音が聞こえる。これが三回ばかり続いて、さすがに気持はヘトヘトだった。

ついに外の防空壕に入り、もう一度その音を聞いた。爆発音のないところをみると、焼夷弾らしい。それにしてもあんな音がしては近いのだろうと、今さら恐ろしくなる。

少したつと消防自動車がけたたましく駒込のほうへ走り去った。

壕の中へ入ってきた人が上中里で焼夷弾にあったという。

「無数に落ちました」と息をはずませて、雪を食べて喉をうるおしている。

次第に夕闇がせまったが消防自動車はひっきりなしに走り過ぎる。警察の人が旗を立てて雪の中をかけてゆく。ものものしい様子であった。

二十六日は甲ちゃんが入営日なのだ。

今日は必ず来ると、二十五日の午後着くはずなのに、この空襲ではと心にかかる。

夕飯を炊き、すっかり夜に入ってごはんを食べようとしたら、「こんにちは」と甲ちゃんと栄治さんが雪まみれになって入ってきた。

日暮里から電車が不通で歩いてきたという。田端の辺りが燃えていたと言った。

大急ぎで夕飯にし、皆で跡差しに寝た。窮屈なのでウトウトとしては目がさめるし、昼の興奮がさめず、なかなか寝つかれない。

十二時頃、ポーが鳴って、一機だか二機やってきた。

また頭の上に来たと思う頃、先刻のザーッという音がしたと思うと、ドンドンドンドンと腹ごたえのある爆音が四つした。確かに爆音だ。

始めのドンでちょうど御不浄に入りに来ていたお店のお姉さんは、あわてて飛び出してきて、「お兄さん、お兄さん、お願いします」と言って、あたふたとお店に帰っていった。

びっくりしたのだろうと思って、何だかおかしかった。


明くれば二十六日、雪はまたもや一尺以上も積もって都電は全然動かない。

昨夜のこともあり、省線も駄目かと思ったが、栄治さんに留守をたのみ、兄さん、甲ちゃんの三人で出かけた。

省線は無事動いていたので、万一をおもんぱかって一時の集合に九時に家を出た甲ちゃんは、御徒町に寄ってゆくと言った。

上野を過ぎると、何となく車内がざわめいた。外を見ると、何としたことか、一夜にして上野広小路の家々は灰と化していた。神田は一層ひどかった。全く見渡すかぎりの焼け野原で余煙《よえん》がもうもうと立ち昇っている。思わず涙が込み上げてくるのを一生懸命がまんした。


十時頃会社に着き、皆は電車が不通で来ないので、お午《ひる》から金子さんと二人で東京から神田へ歩いて行った。

まだ煙があり、昨日の凄さをしのんだ。

神田に来れば、またここは目も当てられぬ惨状であった。ブスブスといぶる中を、かつての自分の家であったであろう灰の山の中を何か探し求めている人や、永年住み慣れた場所を捨てきれず、灰燼《かいじん》の中に立ちつくす人、昼餉の仕度をする人、背の赤子の泣き声、足のきかぬ老人夫婦が互いに助け合いつつ、一枚の布団を背負って歩みゆくさまは、まさにこの世ならぬ地獄としか思われなかった。

ここに至って戦争の残酷さ、米英の非道ぶりに愕然たるものがあった。見物という物見高い気持ではないにしても、これらの罹災の人々を眺めることすら憚られるような気の毒の感にたえなかった。

しかしながら、それらの人々の顔はそうそうやつれもなく、敢闘し抜いたときの快さ、無一物となったあとの諦め、よしやるぞとの心意気が、この人々の目に輝いているのが見受けられた。

昨日の経験の思い、今やこれらの人々が外の人の犠牲になってくれたことを思えば、何の言葉もない。

金子さんと帰ってはきたが、それらの情景が頭にしみついて心が晴れなかった。

しかし悲しむことはならない。それは敵の乗ずるところである。

勝利の日までドイツ国民の如く、最後の勝利を得るまでは一切の私のものもすべて国に捧げ、敵撃滅の日まで敢闘また敢闘を続けなければならない。


帰りの省線より再びこれらの土地を望めば、沈む夕日も何となくけむり、これらの情景を見て湧き出づる涙か、または焼け跡から立ち昇る煙のために、かくて入日もけむるのではないかと思われる。

罹災の方々よ、強くしっかり立ち上がってください。

あなた方の犠牲は決して無になりません。

家をなくし、物をなくして裸となった人々、その目は復興に輝いても、心はどんなにか嘆き悲しんでいることでしょうが、どうぞどうぞ頑張ってください。
この火災で二航の斉藤さん、財務の寅さんの家が災禍にあった。
戦いは苛酷なるかな
しかし現実に麻痺してはならぬ
硫黄島を敵に渡すな
サイパン陥ちて七ヶ月
皇軍の神兵はまだサイパンにて敵を悩ましつつあるという
吾ら、かの人々の戦意を継ぎ、敵撃滅の日まで戦わん
焼け跡から立ち昇る煙は空をはって
陽春の太陽も冬日の如く薄い
煙につつまれた灰燼の中をうごめく人々の群
住み慣れし家は今はなく、また住むべき家もない人々が
何を求めてか廃墟をさまよう

昨日まで肩を並べ、軒を合せて建ち並びし家々、今はなく
くずれし土蔵、焼けただれたトタンが空しく廃墟に立っている
一歩一歩踏みしめつつ、歩みゆく老人
一枚の布団が持つすべてか
重たげに肩に背負って歩みゆく
天よ、これらの人々を見てか

壊れたへっついを危なげに積んで
昼餉の仕度にせわしい母の背で
おなかがすいてか赤子が泣く
幼児《おさなご》よ
汝の不幸を知ってか
何が悲しいのか
足もとに小さな児
幼くして味わいし、この幼き罹災者は
この苛烈な戦いをどう考えているのか

おそらくは僕が大きくなったらと
力んでいることであろう

まわりは銀一色につつまれているのに
ここのみは灰色となり、過ぎし時の凄然さをしのぶ
人々よ、罹災の民よ
これら灰燼の中に立ち
かつての暖かき団らんをしのんで
悲しむ心は深かろうけれど
勝利の日までともに頑張ってゆきましょう
人々よ、強く、たくましく生きてください

四月三日（火）

春は来た。梅の花は今を盛りと、車窓から眺めると目もさめるような純白の花、うす桃色の花と、春の花を先がけての梅は美しい。桜のつぼみも日毎にふくらみ、永い厳しい冬から解放された喜びに野も山も春の喜びをはらんでいるようだ。

今年は存分に自然の春を楽しめる。東京なら春はホコリを連想するほどモウモウと春の風にあおられた土ぼこりが、美しく咲き始めた桜の花をつつむのであるが。しかし今、戦局は人の春の美しさを楽しむ暇を与えない。

厳しい戦争の様相は、かの元寇の時にも増して重大な段階に入った。沖縄に上陸の報は、今度の戦は大東亜戦の帰趨を決すると言う。私達の目で見ても、そう感ぜずにはいられない。

民一億の代表として、なつかしい自分の土を家を犠牲として沖縄の人は戦っている。千何百もの艦船に取り巻かれた小さな島、そしてそれは我が本土である。

おごりにおごり、猛り立った敵の姿、容易ならぬ戦意である。

本当に一億がすべて特攻隊の精神を持ち、一人一殺の覚悟ですべてを国のため犠牲にする覚悟でなければ、この敵の大艦隊を迎え撃つことはできまい。

疎開だ何だと自分の荷物を守ることに汲々としている間にも、刻一刻と敵は艦隊を押し進め、沖縄に上陸しつつあるのである。敵はもはや正面より上段の構えである。この時にあたって荷物をかかえて敵にうしろを見せるのは断じて許されるはずがない。ただひたすら勝利のために全力を傾けることが必要である。何としても勝たねばならない。

そのためには今までのものを一切投げ打つことが必要である。私自身も従来の絆《きずな》を破り、行いを正して後裔《こうえい》に恥じぬようにしなくてはならない。

なぜあの人はああなのだろうとぢれぢれするほど感じるくせに、自分の欠点はなかなか直せない。

この間も伊藤さんを訪問したとき、何となく自分の自慢話のようなことを言ってしまったが、言いながらずいぶん醜いことを言ってしまったものだと恥ずかしくてならなかった。聞く方も気づいたろうが、今後は決して自慢めいたことを言うまいと心に思った。

四月九日（月）

世相は一日毎に深刻となってきた。

私もついに去りがたき東京を離れ、田舎で過ごすこととなった。

このまま無事、戦争終了までここに止まりうるか、またはこの土地が決戦場となり、竹槍をとって戦うことになるか、それは計りしれざることであり、そのいづれかに決定するのは近い将来であることを想う。

今や口にだけ唱えてきた本土決戦、大東亜の勝負、平和の積威《せきい》はすべて今日の、また明日の状勢によることを思う。

私が只今から勤めを変えることは、すでに遅いことであるかもしれぬ。

もう決戦は目前にあり、只今までの互いの国民の努力が火花を散らせているのである。

私がこれから入社して作り出す兵器、弾丸はいつ役に立つのであるか分からないのだ。

しかし只今の決戦は絶えることなき、なお増した兵器、弾丸をと要求している。

只今より戦列につくものは一歩的に先んじられたことを思う。

しかし、これからの努力で押し返さねばならない。

一日も早く働かねばならない。沖縄の戦局は急である。敵の戦意は熾烈である。また西欧にはドイツの運命をかけた反撃あり、周囲はすべて沸き立つような、ただならぬ気配に満ちている。
二、三日前、ソ連は日ソ中立の延長を拒んだ。果してあと一ヶ年の有効期間を維持し得るか。もしこの中立が破れたなら四周皆敵となる。我が国の状態は更に更に危機に至るのである。
されば今、沖縄来寇の醜敵を撃滅せねば、すべてこれらの憂慮すべき事柄が起こることは必然であり、今後の日本の国力の維持いかんもかかって、この決戦にあると言われている。

およそ興国以来のこの動乱の中にある私達のなすべきことはいかなることか、第三者の立場に立って考えれば明白なことであるこれらのことが、今その渦中にある自分を考えると、すべてに角があり、ゆき道が塞がっているようで、思うような行動がとれない。

考えてみれば、それは国の中の作り出す迷路であるよりも、いつの間にか自分の心にしみ込んだ自我、利己心、背徳の作り出す迷路であるのだ。

この迷路を正道に抜け出で、この心の暗黒を照破するには、世界の創世以来、仏教によって、キリスト教によって人類の苦悩などを救うため神の説かれた道を、すなわち真の正道を進まねばならないのである。すべての日本人がこのようになり、すべての邪悪を遠ざけたとき、邪悪は滅び去るのではないだろうか。そして、理想の世界が実現されるのではないだろうか。

しかし、それは今の生活状態を考えるとき、あまりにもかけ離れた理想論である。

昨日読み終ったトルストイの『復活』の影響でかくも崇高な考えを抱いてはみたが、多かれ少なかれ、利己、自我のないものはほとんどないと言ってよい。何の人種であろうが、それは同じことである。ただその人種の素質が異なっているのだ。

しかし、その中でも日本人のみは平常も他人種よりすぐれているが、一旦危急の際は日本人である以上、すべて理想の無我の境地に入り得るのである。ここに先刻の言葉が当てはまり、必勝の念をさらに強くするのだ。

将兵、そして決戦場にある一般の人はすべてこの境地に達している。

私達にはまだそれだけの俗心が捨てきれずに足踏みしているのだ。自分は何かの場合は成りうると確信はしていても、未だ徹しきれぬ故に、何かの場合が今であると感じることができずにいる。

しかし、それに成りきれないとしたら憎い米英と大して変わりないこととなる。民族の平和を叫び、世界の敵を駆逐する目的を抱え、この戦の勝利者はどうしても真の日本人に成りうるところの我ら日本人でなければならない。真の人間になり得ぬものが残るなら、再びこの醜い戦争は絶え間なく繰り返されるであろう。

今、世界は正と悪と二つに分かれる。正を代表するものは日本であり、悪は言うまでもなく米英である。まさに世界をかけた戦である。

もし日本が希望するごとき、この戦の後に真の生活があるならば、この戦に勝つものは必ずや正でなければならない。

我々は最後の一人まで頑張ると言う。この戦が何十年、何百年続き、人類はすべて戦に参加し、ついに一人対一人で勝負が決するとしても、勝利者は絶対に悪者ではない。

これらのことを考え、そして再び目を周囲に転じるとき、あまりにもそれは理想であり、現実はいかに私達の身近に迫っているのだ。

理想は正しく、結果もまさしくその通りとなろう。

しかし我々は今、戦わねばならぬのだ。

明日を信じ、勝利を信じて戦ってゆかねばならないのだ。

私は自分の新生を願う。そして願いつつ今までの生活に惹かれている。

理想を遠いものと思わず、明日からでもまさしく神と化した特別攻撃隊の人々を思い、自分の生活を改善してゆかねばならない。

こう書きながらも、読み終えたトルストイの小説の感化をだいぶ受けているのを感ずる。この小説は平和時代のものであって、今の生活には当てはまらない。

しかし、その中を貫く精神は不変である。

そして世の人々、信仰を得ている仏教なり他教はすべてそれぞれ不変の精神を違う観点から悟り得たものであろう。

しかし今は、これらのことを想うにはあまりにも四周複雑であり、考えればきりのない哲学となる。今我らの進むべき道は、直、戦に勝つことだけである。

戦は醜い。しかし戦は常に心にも、国の中にも目に見えず行われている。

正と悪の戦、私達は大いなる意義に心をおどらせて戦っている。

四月十日（火）

朝から霧雨のいかにも春らしい、静かな一日であった。

今日は福田の御神事というので母と二人でコンニャクを持ってゆきかたがた、十時ごろ出かけた。

お赤飯や煮物やお芋で満腹であった。

何だかだと言っても田舎の人達との会話や気分はいかにも気持がよい。

畠の中を赤い着物で赤い傘をさした人が通ったが、盛んに何だかだと批判する。よほど赤いものは目立つらしい。

昨日、私が赤い傘をさしてコンニャクを買いに行ったところ、子供達にさんざん冷やかされて、すっかり意気消沈してしまったのだったが、やっぱり大人でさえこうなのだから、東京のつもりでいたら、とんでもないことになる。洋服よりもまず傘のために何かかにか言われたのだった。

それにつけても冷やかす言葉の聞きにくいこと。男の子よりは女の子のほうが辛辣である。これも田舎の特徴か。

ハッキリ言えば、野卑な言葉である。何によらず、田舎は畠の麦の緑とか木々の黒、花なら椿の赤いというように、すべてハッキリした原色に囲まれているためか、人々の色彩感覚も原色を好み、また言葉も原色に対する原語というような感じがする。

物の形容でも、その言葉の意味より発音のときの感じで、直ちにそれを連想するような感じのものが多い。

「いじがやける（いらいらする）」「くどい（むずかしい・ややこしい）」「ねんね（赤ちゃん）」その他いろいろあるけれど、また言葉だけでなく、それらの音の響きは、いわゆる中和音より響きのきつい音がよく使われている。やっぱり周囲の環境がそうさせたものであろう。

そしてまた、農村の人々もそれらに従って単純である。良い人の方がはるかに多いし、また悪いにしても都会人のように複雑な悪ずるさが少ない。

とにかく今まで複雑な都会の生活から単純な農村の生活に移るには、それだけの準備が必要であり、それこそ良きを取り、悪しきを捨てることはいうまでもなく、農村人の反感を控えることを考えてゆかねばならない。

四月十二日（木）

神風隊は征く
胸に桜の枝さして、心は清き若桜
祖国の急を救わんと、今日も征《い》で立つ特攻隊
桜曇りの東雲《しののめ》を、爆音立てて飛び立ちて
二度と還らぬ神行の麗しき山桜
涙にしみて眺むるらん
若くして散るは惜しまねど
心にかかる神行の、勝負かけしこの戦
後をたのむと言いゆきて
咲き初めたる若き身を、神風に散る花吹雪

四月十四日（土）

沖縄の一報毎に胸おどらせていた耳に、思いがけなくも米大統領ルーズベルトの死が通報された。昨日の夕方のことであった。

学校から帰ったばかりのどこかの子が、おすえちゃんに「おばちゃん、ルーズベルトが……だって」と言っていた。病気？　と思ったが、まもなく帰ってきた絹ちゃんが、「ルーズベルトが死んだんだってよ」と言った。何だかとたんに胸がスーッとして天へも昇る心地であった。

夜の報道は思ったほど彼の死を騒がなかったが、たしかに反枢軸は大恐慌であろう。かしこくも、先日、高松宮様が天皇陛下の御名代として伊勢へ御祈願にお出遊ばされたとの由であったが、この御心が天に通じたのであろう。

我々臣民、ただ皇思のありがたさにむせぶばかりである。これからの反枢軸の状況がどうなるか。

今に見ていろ、必ず勝ってみせると心が勇み立つ。

ルーズベルトは日本時間、昨日未明、脳溢血で死んだのであった。

四月十六日（月）

十三日夜から十四日にかけて四時間にわたるＢ29、百七十機の大空襲があった。相当損害があったらしい。殊に王子、豊島、板橋、四谷、赤坂などの区がひどかったという。始めの二つの区はほとんど滝の川にくっついているのだから、滝の川はどうしたことであろうか。心配でならない。

兄からも何も言ってこないから、多分、大丈夫なのであろうけれど、鈴木首相が罹災地を視察して、飛鳥山から眺めたというので一層心配となった。

上野・赤羽間は不通、上野、池袋、新宿も不通。都電もだいぶ動かぬらしい。それにまた、昨夜の二百機による大空襲があったので、せっかく直りかかったのもまた駄目になったようだ。

大森の姉の家はどうしただろう。豆チビの敏坊はあのとき一生懸命に後を追ってきて、クルクルした目で「サヨナラ。また明日オイデヨ」と言った。バス乗り場まで来て、こっちを振り返りながら帰っていくとき、あまりこちらに気をとられて転んでしまった。かわいい敏坊はどうしているだろう。

早くこちらへ引き取って空襲の心配なしに、ご飯をたくさん食べさせて大きくしてやりたい。

　けれど、あんな小さな子供が親と離れて、まして親は始終生命の危険にさらされて、お互いに別れ別れに住まねばならぬとは。私達のように大きくなってしまったものはまだ良いとして、全くかわいそうになる。新しい住所を知らせる手紙も来るはずだけれど、東京からは誰も来ない。どうしたのか。

　昨日、黒江さんに手紙を出した。もう会社へ出ていることと思うけれど、もしかしたら辞めるのかもしれない。

四月十八日（水）

昨夜、眠りかけてウトウトしていたら、東京から帰ってきた義さんに起された。「アパートが焼けちゃったよ」と言った。ハッとして「家は？」と聞くと、やっぱり焼けたとのこと。お母さんと顔を見合わせた。

やっぱり焼けるまでは、まさかと思っていたけれど、長年住み慣れた、そしてまた、ずいぶんとうるさく世話のやけたあの二階もきれいサッパリ焼けてしまったのかと、いろいろの感情が胸をかすめた。

義さんが帰ってから、電気を消し思いに沈めば、近所の人々、残した道具などが心をかすめ過ぎる。

しかし自分の家の焼けたのも知らず、田舎でのんびり過ごしていたこの罹災者は数多い同類の中での幸福者であろう。どうせ戦の終わるまでに残る家はありっこないという気持ではあったが、いざ焼けたとなると何ともいわれぬ気持の動きを感ずる。

会社の人達はどうしたか。兄はどうしているのだろう。

明日はさっそく水戸に切符を買いにゆき、東京へ行ってこなければならないなどと考えて眠りに入った。

翌朝、電報で兄からの知らせがあった。

「ゼンブリサイシタ（全部、罹災した）」。

簡単な文句だけれど、日記の中に「おれの生まれた家は焼きたくない」とあったあの言葉を思って、兄さんも感慨無量であったろうと察した。

なぜ来ないのだろう。一度来ればよいものを。会社が忙しいのかもしれない。

今度東京へ行ったら、会社へ行ったり大森へも行ったり、なかなか忙しい。

南西諸島における、国運をかけての沖縄の戦に思いを馳せつつ、勝ち抜くまではと心に誓う。

それにしてもあの八日の日、家に行ったのが最後であった。あのとき明日をもしれぬ東京の自分の生まれた町の景色をしみじみ見ながら、また幼いときから馴染みの家の横丁から裏の家を眺めながら別れを告げてきたことを思い出す。

自分の家を離れ、都を離れて、この小さな四畳半に居る私達は、いよいよこの小さな住み家が自分の唯一の家となったことを感ずる。

しかし、無一物にして焼け出された人の数多い中で、この激しい戦の中で、この生活を営みうることは本当に幸福である。

わが家は灰燼となる
憎き敵の劫火《ごうか》により灰燼に帰した
なつかしき畳のさわり
ガラスもる日の光は裏にそびえし
あの大きな欅の木は
夏になればサワサワと涼風を送ったあの樹々は
今頃はもう青い芽を吹きはじめたであろうのに
また外の桜も満開をやっと過ぎ
美しい花吹雪が歩道を、防空壕を
真っ白に飾っていたであろうものを
我が家、ついになし
父よ、亡き霊よ
汝がなつかしの家は、今はなし
けれど戦に勝てば
また前より以上の立派な家を建てましょう

母と悲しみの中にも楽しい夢を描いて
都遠いこの片田舎の一部屋で想いにふける
戦に勝つまでは、勝利の日まで
思い出の道具の一つ一つ
持ってくればよかったと思うけれど
今さら何とも仕方がない
来るべきものが来たのだった
四月十三日、この日以来
私共は旧体制を捨てなければならぬ
戦は厳しい
特攻隊は一身に国難を背負って次々と飛び立つ
征けよ神わし
吹けよ神風
憎い敵を撃滅せよ

四月二十七日（金）

十九日、菅谷を発ち、本社へゆき、それから兄の会社を尋ねたが、わからなかった。新橋で省線に乗り、そのまま上野から戻ってこようかと思ったが、ひと目家の跡を見たくて駒込で下りた。

驚いたことに駅は跡形もなく、ただホームだけが残っているばかり。両側も凄まじいまでの焼け跡であった。幸いに母校は無事のようであった。駅を出ると、はるか古川さんのところまで延々焼け野原が続いている。焼けただれた都電、焦げた電柱、垂れ下がった電線、また黒々と幹だけになった木立、その足元に崩れた塀、トタンが散乱して人影もなく、墓地を歩く感じであった。区役所の横も少し焼けていたが、左側は何ともなく、南さんの家も無事。そしてまた、たばこ屋さんのところからあとは、どこまで続くかわからぬ焼け野原であった。

ふと見ると、会えぬと思っていた兄さんが焼け跡にしゃがんで何かしていた。近づいて「兄さん」と声をかけると、思いがけなかったようにびっくりして顔を上げた。何だかとても嬉しかった。十分前くらいに来て、またすぐ警察にゆくのだとのこと。よかったと思った。

兄さんが警察に行ってくる間、ここが誰のところであった、ここがあの横丁かと、そこらを歩きまわってみた。

風が強く、焼け跡の灰を吹きまくって、焼け跡を歩く自分に吹きつける。けれど快かった。なつかしかった。生まれたときからの自分の家に立っていると思うと、たとえそれが灰燼と帰してしまっていても、その一片の灰はかつてのなつかしい我が家のものであり、またなつかしい香をもっていた。

夕暮れが迫って、夕日に赤々と照らし出された我が家の跡、果もなく続く焼け跡は淋しさと同時になつかしさで胸がいっぱいとなった。

南さんにより一夜泊めてもらうことになった。電気も水道もきかなかった。暗い夜であった。夜に入って雨が激しく降ってきた。焼けた当時のぬくもりの残っているあとも、またモウモウと灰を巻き上げたあの風も今は静まって、熱され、乾ききった大地を潤していることであろう。ポタンポタンと絶え間なく落ちる雨だれの音を聞きつつ眠りに入った。

二十日は、朝、南さんの家を出て、大森に行った。大森も罹災者が急に増えたので大騒ぎの忙しさで、二、三日手伝うのを頼まれた。

二十一日は一日中手伝い、二十二日はお午《ひる》から敏ちゃんを連れて田舎へ帰ってきた。敏坊は思ったより田舎へ来たことを承知しているらしく、家のことは何も言わず、元気よく遊んでいた。今度は悦ちゃんを連れてくることにした。

敏坊も元気で遊んではいるが、やっぱり一人で淋しそうだ。早く兄ちゃんを連れてきてやろう。

二十二日は兄さんが来て棚谷へ行ったとのこと。

二十三日、熱海の切符を申告。

二十四日、大森へゆき、一晩泊り、二十五日、焼け跡で少し掘り出し、南さんのところへ行った。はつえさんの方へ徳ちゃんが死んだとの知らせが来て、かつ子さんが心配していた。切符を持って行ったのでとても喜んで、明日いっしょにゆきましょうと言うので、一晩泊まらせていただいた。その晩、二階の人が二枚切符を買ってきたので、それからまたいろいろ話がはずみ、芸能界の夢のような話を長尾さんから聞いた。

二十六日、かつ子さんがご主人といっしょにゆけるので、私は一汽車先にゆくことにし、別れを告げた。

汽車は相当混んだが、座れて無事田舎へ着いた。

母さんと敏坊は福田へ出かけ、兄さんは昨日帰ってきたとのこと。

二時に家に着き、二時二十分のでまた水戸へ申告に行ったが、あまり時間をみすぎて申告できなかった。二時の汽車でかつ子さん達が着いていた。徳ちゃんのお骨をお寺へ納めた話をして菅谷で別れた。今ごろはまだ棚谷にいるのか、どうしているのだろう。おばさんもかわいそうだと思う。

二十七日、午後申告にゆき、兄さんは昨日大洗へゆき、今日の午後帰ってきた。明日は大森に行って、明後日、悦ちゃんを連れてくる予定。兄さんは四時の汽車で東京へ帰った。兄さんもなかなか大変だ。

五月二日（水）

沖縄の戦局、ドイツの危機と世の騒然たるうちに、いつしか青葉の五月となった。木々は来るべき夏を想わせるようにふさふさと葉が茂り、緑の垣を連ねている。

それなのに昨日はドイツの無条件降伏申し込み説を伝え、ムッソリーニの死を報じ、そして今日は身をもって共産思想と最後まで戦い抜き、愛国の熱情に殉じた今古《きんこ》の英雄ヒットラーの死を伝えた。

何たる悲壮なる彼の死！　米英ソの巨軍は南北よりなだれをうって首都ベルリンに迫り、中でもソ連は幾万の砲門を開いてベルリンに巨弾を叩き込み、総統本営に肉薄するに至ったことを報じている最中に、この報であった。

仇敵スターリンと向かい合ってのこの戦において、両雄はいかなる心境であったろう。一方は攻めに攻め、今一息と誇らかな様子であろう。

しかるに一方は、一生の間、戦いに戦い抜き、祖国の勝利をめざし孤軍勇戦、戦史に類なき奮闘をなし、しかもその前途は暗澹として敗北のほかないこの時、彼ヒットラーの胸中、察するにあまりある。

彼の友ムッソリーニの後を追って、彼もまた身を天上に置く人となったとは。

ドイツの戦にヒットラーなくとも最後まで攻戦せよ。かのドイツ国民の勇戦は必ずや後世に語り伝えられるであろう。

ひるがえって我が国を見るに、今や全くの四面敵となった。

沖縄の決戦に息詰まる緊張をもって見守る我々は、今なお一層の緊張をもって幾万の敵と相対峙せねばならぬのだ。

我々がかのドイツ以上の辛苦を忍び、勝利の彼岸に達した時、初めて亡き英雄ヒットラー、ムッソリーニも盟邦たるかなと喜んでくれるに相違ない。

明日の戦局はいよいよ急に、皇国三千年の歴史かかって今日にあり。

五月十四日（月）

五月も半ばとなれば世はすべて新緑の季節となり、上京の度に汽車の窓よりの眺めが、その度毎に青々となってゆくのに目を見張っていたが、一ヶ月ぶりに下宿の方までお醤油を買いにゆこうとして敏坊を連れてブラブラ出かけた。

見えるかぎりまっすぐに続く道を、ふと気がつくと濃緑と黒と灰の三色であったこの見慣れた通りが黄に近いような晴れ晴れとした緑と黒の美しい対照をなしている。いつの間にこんなに美しい景色に変わったのか、生が見えるだけに長くて長くて単調であったこの道が明るい色に輝いて一歩一歩眼を楽しませてくれる。季節のあわただしさ、考えてみれば、あと半月で初夏になるのだもの。

ついこの間まで冬の名残を留めていたのに、また今年は例年に比べて寒さが長く続いたためか、いつまでも寒いような気がしていた。

次第に感じぬうちに田舎の生活が身についてきたような気がする。町を歩いても心なしか人も振り返らなくなったようだ。

たった四畳半の小さい家にも初夏の訪れは来て、ふんわりと白雲を浮かべた空からサンサンとふり注ぐ太陽の光がさし込んで、まばゆいような感じさえする。

母も半月くらい前から体の具合が悪かったのもほとんど回復して楽しいかぎりである。家も今はここ一つしかなくなった私達であるけれど、ともかく不自由を忍び、勝利の日まで頑張ってゆくのだ。

先日、上京した折、川崎駅のホームで関さんに会った。辞令が出たと言う。いよいよ私の新生の生活が始まるのか。今はとやかく言うまい。何としても航空機生産につとめねばならない。沖縄の決戦に勝ち抜くために頑張るのだ。ここいらは航空機工場はないのではないかと思う。横井では何を作るのか知らないけれど、あまり暇そうであったらよそうと思う。

見栄や外聞は振り捨てるのだ。今までの習慣で何だかだと言っているけれど、眼を一歩封じれば、ハッとするような危機に立っているのである。

ドイツは五月八日をもって正式に無条件降伏をしたけれど、皆の心は以前のイタリア降伏ほどに動揺が見えぬ。それだけその現実をハッキリ見つめ、我々の持つ力を感じてきたのだろう。

今、日本は全世界を相手としてただ一人立ち向かったのである。ソ連は戦が終わり、米英はまだ半分が片づいたばかりだと言う。

今この、これからの戦が二分の一の戦でなく、十分の九の戦であることを思い知らさねばならぬ。

今まで頑張り抜いたのだから最頂点に上りつめた今、あと一息を頑張れぬはずはない。それにはただ沖縄の勝利あるのみ。敵艦船の撃沈五〇〇隻以上という。しかし敵は執拗だ。我々は一歩も油断できぬ。

西の方、一人毅然として戦いしドイツの大いなるヒットラーを失うとともに、再び米英に屈す。敗れたりとはいえ、世界の戦史に永久に不滅の誇りを残すであろう一致団結のドイツの善戦は我らに多くの教訓を与えてくれた。

この世界に毅然として大国米英を敵として戦いつつある我が国の姿は何と光輝あることか。

民族のため大東亜の秩序のため立ち上がった日本は、今や地表の反対にある米英を相手どって世界の注視を浴びて戦を進めつつある。そしてまた、その一点の中の最要点は沖縄である。しかして、この沖縄の勝負はかわって航空機の数にあり、我らは今、戦機をつかんでいるのだ。

五月三十日（水）

五月もあと一日で初夏六月となる。早いものだ。

待望の辞令もやっと四月十日付で、この間出た。なつかしい黒江さんとのお別れもしてきた。大森へもゆき、川崎へも泊まって、なつかしい思い出深い帝都に別れを告げてきた自分であったけれど、二十三（二百五十機）、二十五（二百五十機）の帝都、夜間空襲、昨二十九日昼間、空襲（五百機）と打ち続く敵の頻襲に帝都のことが切に心にかかる。

もう勤めに出るのを待つばかりの身になって、するだけのことはすましたつもりであるけれど、あまりに厳しい戦の様相に、こんなことをしていてよいのかしらと思うことがある。

勤めに出る準備と思って家にいて、洗たくや縫物をしているけれど、あの大空襲でさぞ生産も落ちたことだろうと考えると、一日も早く生産について働かねばならないと心が急《せ》く。でも、せいぜいあと三、四日で私の勤めも決まるのだ。そうしたら本当に一生懸命でやらねばならない。

ところで東京の兄からも姉からも何の音沙汰もないので心配である。いってみれば、こちらで考えているほどのこともないのであろうけれど、とにかく連絡はつかないし、何も分からぬので、ただ心配が増すばかりだ。

敏坊も私が帰京した二、三日前から四〇度からの熱で寝ていたというのが、今日あたりからやっと起き出した。大姉さんにも来られたら来てもらいたいと思って手紙も出してみたが、もう着いたと思うのに何とも言ってこないし、早く来てくれればよいと思う。

本当にこんなに心配なものとは思わなかった。丈夫なときは何でもないけれど、眼を真赤に充血させ、黙って布団の中にもぐっているのを見ていると、しっかりした医者がないだけ心配でたまらない。

そのかわりちょっと笑顔を見せるとホッとして今までの心配もまた、何で子供なんか預かったりしたのかしらという考えも一時に消えてしまう。今日のように元気で飛び回っているのを見ていると空襲の激しい東京に帰すなんて、何とかしてこちらに置いてやりたいと思ったり、せめてもう少し大きい子ならとも思う。しかし、いたづらはしない、悪いことは言わぬし、今が一番良いときかとも思う。

大姉さんもどんなにか淋しいか、あんな手紙をあげたら早速飛んでくるだろうと思うが、空襲でまた罹災者ができて忙しいのかもしれない。しかし、今度の空襲で全く東京は焼け野原となってしまったであろう。東京の人達にケガがなければよいが、初夏の空はどこまでも美しい。

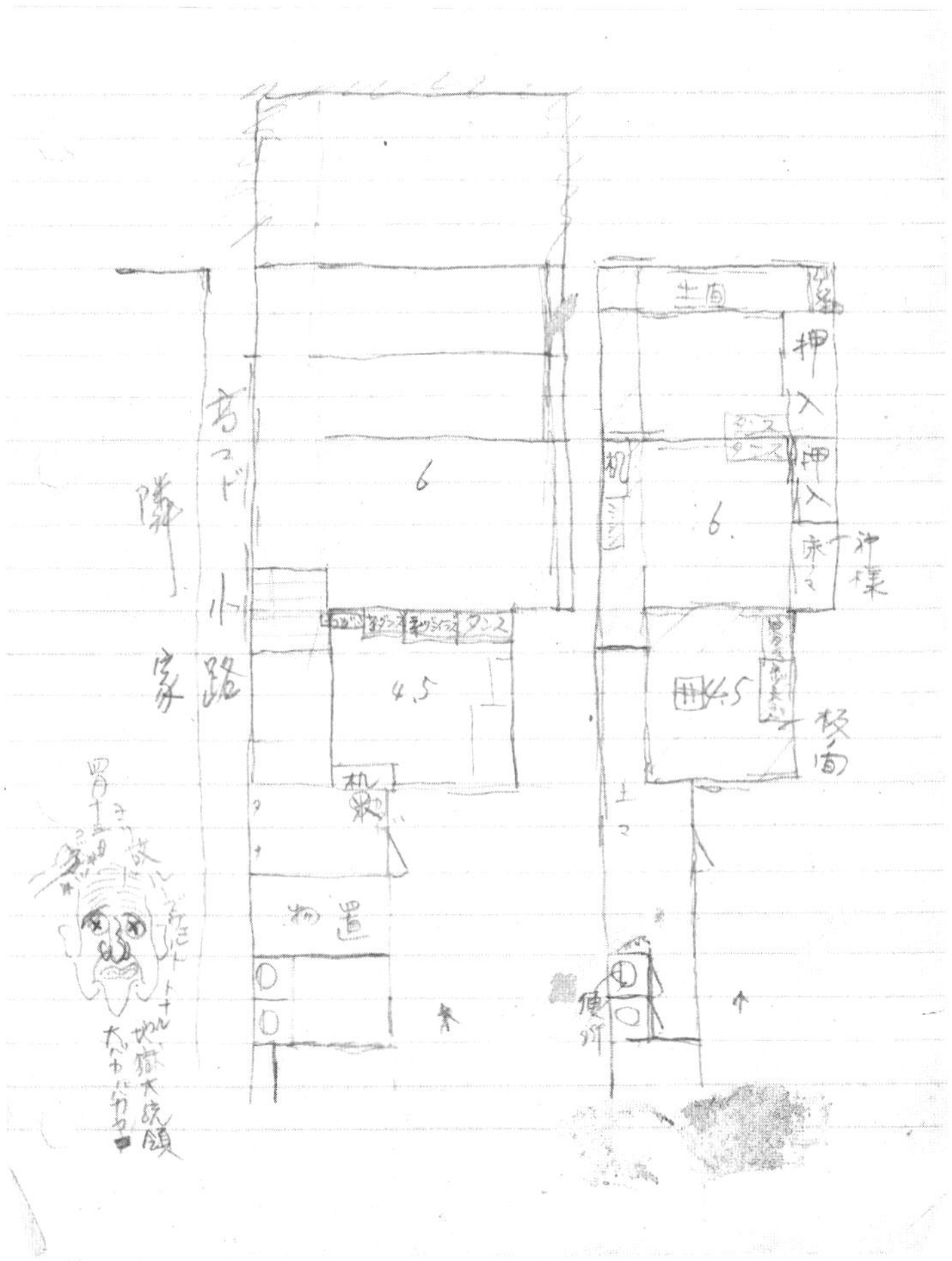

しばらく続いた不順な気候もどうやら定まったのか、この一週間ばかり本当に夏を思わせるような暑さが続く。しかし田舎は豊かだ。新緑につつまれている田舎を過ぎて、かつては次第に家々の黒い屋根が多くなり、その中にも庭木の青さが鮮やかに見えていたのに、今汽車でゆけば、無残に赤く焼けただれた家々を、赤茶色に焦げ、枯れた木々が焼け跡のトタンで蒸された熱風を運んでくるばかりである。

都に近づくにしたがって、美しい緑の色に変わって赤くさびたトタン、バラックの群が傷ましい。胸のうちを荒涼と過ぎるものがある。戦の現実、破壊、廃墟、かつての夜、敵機が舞うように低く空を飛び、無数の焼夷弾をまき散らし、家々の屋根から赤く、青く白を吹き、轟然《ごうぜん》と音をたてて、かつての営みの家を崩していったあの夜。

夏になれば、道ゆく人に樹陰をさしのべて、しばしの憩いを与えた都会の美しい並木までもが熱風にあおられ、もう永遠に花開くこともなく、その根は焼け枯れ、その葉もカラカラと淋しく春の風に鳴っているのだ。

敵機の暴虐、世界のうち彼らのゆくところ必ずこのような無残な姿に変え、そして彼らは残忍な喜びを味わっているのだ。

電車の中でたまに見受ける半面赤あざになった人、顔や手足を真っ白い包帯に包んだ人々、何というむごい現実であろう。

汗を流し営々と蓄めた家屋、衣類、食類、すべてのものが一夜のうちに何の役にも立たぬ、風吹けば舞い立つ灰と変わってしまったのである。

また物だけでなく、何ものにも代えがたい人の命をも奪ってしまったのだ。人々は敵に対する憎しみのため、誓って勝利の日まで戦い抜こうと壕生活を営み、または故郷で敵撃滅に進んでいるのだ。何としても勝たねばならぬ。

一昨日は神雷特別攻撃隊の発表があった。

親飛行機から発進されるロケット機に人が乗って、生ける砲弾となって敵艦船に轟然と炸裂するのである。ロケット機には発着装置なく、ただ火薬だけが装備されている。文字通りの弾丸なのだ。

また義烈空挺隊の発表もあった。それこそ敵の真っただ中にあり、敵が中心と頼む飛行場に強行着陸し、敵の機能を奪うのである。これも神雷隊に比すべき捨て身の戦法、ゆきて還らざる挺身隊である。

しかし、せめて義烈隊だけでも再び味方陣地へ還り得たなら、味方との連絡をつけ、生還することができれば。今は一人でも惜しい。しかし今はそれが言っておられぬのである。

一人もって敵一艦を屠《ほふ》るならば、まさに一騎当千の言葉通りであるという。一人対一人は今や一人千人、その人一人の人命はまさに貴重なものである。人一人のなることとはいえ、それは神のわざであり、誇るべき日本の美しさである。

物量をもって、これに報いんとする米英よ、汝の醜さを顧みよ。いかに汝、物量を誇るとも我にこの美しき精神あり、必ず必ず勝利を得るであろう。

我と汝の比は、あの焼土と自然の豊かさとの比である。物はすべて滅びる。しかし精神は不滅である。

勝利の暁《あかつき》、日本はさらにさらに世界に類いなき自然に恵まれ、花咲き小鳥さえずる美しき自然の国となるであろう。

今、近代文明をさえ美しい高層建築、近代的物質文明に酔いしれている彼らを自然の美しさにて目覚めさせねばならぬ。自然と神は一つ、そして我が大和民族はこよなく自然を愛し、神を敬う世界唯一の民族である。

今、我らこの自覚に目覚めて、心中に食い入りし物質虫を追い出し、明らかに朗らかに進んでゆくのだ。勝利は必ず我にあり。

ドイツは去る五月八日をもって崩壊し去った。今や決然四周を敵として日本は正しく強く戦い抜くのだ。

米英人陣営には醜き物質的争いが起りつつある。

我は唯、毅然として一人道をゆく。

六月三日（日）

一日に森田大やんが来てくれ、二日に横井の返事を聞かせてくれた。

今日は朝九時に横井にゆき、人事係の人に面接した。

入れることになったらしい。明日から出させてもらうことにした。

何だかこの前よりだいぶ机も増え、事務室らしくなったような気がする。作っているものは航空機の部品らしい。嬉しかった、航空機に関係のあることだし、また製図も少しはあるという。

明日行ったら、どういうことをするのかしら。ちょっとこわい。

けれど、前に感じていたような新しい職場に対する心の暗さがない。何だか光に満ちているような気がする。それに航空機なら、それこそ今一番叫ばれているところで、国民の道にかなうことになるのだから心の暗雲も晴れるわけだ。

朝七時十五分から五時十五分までという。なかなかの精勤だ。しかし、そのほうが働き甲斐がある。一生懸命やるのだ。前に感じていた悪いくせは捨て去り、良いところを一層発揮して働こう。大やんにも顔が立つようにしてあげたい。

今から今度の職場へついたことを知らせる手紙を空想したりする。

そういえば、東京の人々はどうしていることか。大森から今日来たハガキは二十八日に出してある。二十九日にも空襲があったのだから心配である。会社へも出してみようとは思うが何の音沙汰もないので、焼けたのかしらと思うと出す気にならない。

昨日あたりからまた、お寺に別の兵隊さんが来た。

自転車の稽古もこれでちょっと中止となった。

今、中井川さんに会った。ハガキを出して引き返そうとしたら、「望月さん」と呼び止められた。振り返る間もなく、私の横に自転車が止まり、ヒラリと中井川さんが降り立った。

転び転び自転車を始めたところなので、何だか憎らしいような羨ましいような気持でいっぱいになった。

五月十二日から地方事務所へ出ているとのこと。しかし、こちらは飛行機なのだから、何にしても鼻が高い。

会社なら自転車もいっぱいあるだろうから、慣れたら稽古をさせてもらうのだ。あんな風にスースー乗れたらどんなによいか。

それから昨日は日立の伯父さんからのハガキで世ちゃんが入隊したことを知らせてきた。

いよいよ世ちゃんも行ったか。どうかしっかりやってもらいたい。

兄さんは二、三日うちに来ると言ったそうだけれど、もうあれから四日くらい経つのにまだ来ない。どうしたのだろう。

会社の新住所探しで忙しいのかもしれないけれど、とにかく早く東京の様子を聞きたいものだ。

明日から会社だ。七時までにゆくようにしよう。

とにかく不平を思わず、一生懸命にやることだ。

その次は自転車の稽古。だんぜんやり遂げたい！

せっかくのところ、お寺に兵隊さんが来てしまって残念だった。しかし、会社でもできるだろう。

六月五日（火）

出社二日目、第一日は一度勤めた経験がものを言い、いろいろやっていることが分かったつもりであったけれど、やっぱりいちいち目新しいためか、そしてまた工場の噪音に慣れぬためか、一日やったら頭が痛くなり、何となくボンヤリしてしまった。

工場ではしょっちゅうお茶を出したりしていて、むしろ工員のほうがましだと思ったりした。製図、三枚をやった。

製図をやる心構えとしては、大勢の中で皆といっしょにやることを考えていたし、また横井に入る気になったときもオイルペーパーで簡単な写しをやることくらいに漠然と考えていただけに、急に一人離されて図面を写しのきかぬ紙にかきかえたりするとなると、まちがえてしまったらどうしようかしらと思ってしまった。

それでもやっているうちに思い出しながらどうにか仕上げた。製図をやりたいなどと言ってこの工場に入ったのが何だかとても大変で、向こう見ずであったような気がして、急に心細くなった。

部屋の人達はまだよく分からないが、皆よい人のようだ。

朝の朝礼のとき工場全員の前で紹介されたのには困った。

午前中はほとんど何もしなかったが、午後からお仕事ができて嬉しかった。

女の人は私が日航にいた当時、新入社の人に対した態度を考えても、皆とても親切だ。皆ちょっとどこかで会った顔のような人ばかりで何だかおかしい。ほとんど東京から来た人らしい。

第二日はだいぶ様子が分かったので、分かることはやった。朝の仕事まで女の人達が井戸端会議をするのはあまりよくないと思う。

製図がたくさんあり、一生懸命にやったが、定まった机がなく、また年中「お茶くれ」などと言うので、そんなことがなかったら申し分ないのにと思った。

現場の噪音は昨日ほど耳につかなくなった。工場は何となく活気がある。あの渋滞した前の会社に比べ、何といきいきしていることか。仮にも地方事務所へ行った中井川さんを恨むべきでないと思った。

この二日ばかり急に沖縄が戦局重大化してきた。

いよいよ本土決戦の覚悟をせねばならぬ。

私の戦列復帰は遅れたかもしれぬ。

しかし、心を沈ませるのは謀略にかかることだ。

明るく頑張って働こう。

六月九日（土）

黒江さん、その後、いかがお過ごしですか。

聞けば私達のなつかしい会社もついに焼けたとか。本当に口惜しく残念です。

二局は横浜へ行ったそうですが、一度課長様へもお見舞いを差上げなくてはと存じております。

もうこうなっては今までのせっかくの通信士の履歴も灰となり、まだ文書のとじ込みなどのお仕事はあっても、八分通り終わったも同様でしょう。きっと長野へお帰りになったことと思いながら、この手紙を書いております。ただあの空襲でケガをなさらぬかしらと案じております。

なつかしい三年間を過ごしたあのスマートな日航の建物もすべての焼け跡同様、跡形もない灰の山積となってしまったかと思うと胸がいっぱいになります。

あなたもいろいろ複雑なことに悩まされていらした折から、その根拠たる会社の焼失にあって、どんなお気持かとお察しいたします。この際、あなたも思いきって長野へお帰りになり、元気に働いてゆきましょう。

上品で静かではありましたけれど、何とも言えぬ憂鬱のこもった退屈なあの本社の一日を思い出しますとき、今の私のまわりは若々しい粗野な言語動作、そして器械の噪音に囲まれている今の自分と比べるとき、何という違いかと驚いてしまいます。けれど、それは私の望んでいたところであり、私は自分の期待していた通りの心の満足を感じております。

私は航空兵器の生産に従事している！　この心が新しい環境で、ともすればくじけようとする私の心を励まします。この一線、この円が沖縄につながっていると思えば、満足の心でいっぱいです。

やっぱりいろいろ人間同士のことだけに、うるさいこともありますけれど、それはどこへ行ってもつきものでしょう。がまんして勝利の日まで頑張るだけです。

けれど工場の噪音といっても、朝さえぎるもののない大空に存分にラジオ体操の腕を廻しながら、また朝靄《もや》につつまれた黒々した森や青い麦、紫色の大根の花など、うっすらと煙って何とも言えず、はつらつとした気持が胸に満ち溢れます。

林立したビルの薄暗い部屋で無駄話をしたり、だらだらと事務をやっていたあの頃に比べて何という違いでしょう。

ビシビシと仕事を進めてゆく白面の青年部長の下、年とった人まで、その若さに引きずられ、のびつつある工場らしく、なにか荒々しい中に若い血潮を感じます。

私は自分自身がどう変わってゆくか今のところ分かりませんけれど、あまりに工場の空気に慣れきったものになりたくないと思っています。

黙って烏口《からすぐち》を進めながら、細かい図面を根気よく仕上げてゆく仕事が一番自身にふさわしいようです。

それにしてもたった一人で製図してゆくのですから、だいぶ心細い限りです。三年も機械製図をしなかったので、ほとんど忘れてしまい、一番始めの日はどうしようかと思いましたが日が経つにつれ心配も出、忘れたのもボツボツ思い出し、どうにかやっております。

それではあなたもどうぞしっかりとご健闘をお願いいたします。

またいずれ。お便りまで。

六月二十一日（木）

梅雨も終わったのか、やっとこの頃晴れた日が続くようになった。

ついこの間のび始めたと思った麦の穂は、いつしか黄色く枯れ、青々と茂る緑葉の中に美しい黄金の波をしく。

美しい、本当に美しい。背丈ほどにスイスイとのびた麦の穂の間の小道を通りながら、ふと目を上げると青く輝く空をフンワリとした綿雲が静かに通り、何とも言われぬ心持である。

また工場のお昼休みに、勢いよくのびた草の中に新しい友達と寝ころびながら、ゆれる草の間から高い高い空を見上げ、いずくともしれずさえずる雲雀《ひばり》の声に耳を傾けながら、夢まじりに過去や将来の空想を描く心は、何と得難い一時であろう。

身近に親しき友はおらねど、その心の淋しさをよく自然が補い慰めてくれる。

今まで暖かく囲まれていた人々の間を出て、孤独がちな自分が一層孤独となった今、楽しかった過去の思い出は事毎に心をせめて、なつかしく、耐えがたいまでに胸にせまるのである。

しかし、今また新しく自分をとりまく人々の顔は皆素朴でなつかしさが感じられる。何で嘆くことがあろう。日々の仕事に励み唯、勝利の日まで、なつかしい人々の思い出も胸に納めて進んでゆくのだ。

＊　　＊

なつかしい黒江さん、あなたは今どうなさっていらっしゃるの。

あれから一ヶ月、三度もの空襲におあいになって、どうなさったことかと案じておりました。

田舎へいらしておれば、もうそろそろお手紙のくるはずですし、万一東京にいらしたとしても、何とか仰ってくださりそうなものと内心うらんでおりますの。

もう何日かで七月です。去年の今頃はよく銀座へ出歩いていた頃ではなくて？

一年後の今の私は、こんな田舎の工場に入り、見も知らぬ人々と交わり、今まで聞いたこともない粗《あら》い言葉や人々の態度など、何だか後ずさりしたいような怖い世界のように思えました。

しかし、その中を流れる純朴な人々の気持は都会では味わえぬ美しさがあります。

やさしく美しいあなたはこの荒々しい世界を見たら、きっとびっくりしてしまうことでしょうね。

でも、とにもかくにも毎日のお仕事をいっぱいもって、元気で製図・報国にいそしんでおります。苦しくて、逃げ出したくなるときもあります。けれど、勝つためにはどうしても我慢して、この苦しみを越えてゆかねばならないのです。あなたもどうぞ元気でおやりになってください。

それからもう一つ。今度自転車を習い始めました。六月二十日初めて上乗りができるようになり、私の一生の上で画期的な一日が始まり出しました。

羨望の目をもってながめていた自転車に乗る人に、今私はなりつつあるのです。

本格的に乗れるまでにはなお一層の日月を要することでしょうけれど、とにもかくにも頑張ってゆくつもりです。

今日も自転車のりでだいぶ疲れました。居眠りが出そうです。

それではまた。お便りまで。

七月二日（月）

梅雨も明けたと思われるような上天気が続いたと思ったら、また昨日あたりから薄ら寒い雨の日となった。

待ちに待っていた大姉さんも川崎の二人もいっぺんに来て、台風の後のように寂しい気分がする。敏坊も久々に母ちゃんに甘ったれられたのに、また行ってしまわれて所在なげに何かぼんやりしているようでかわいそうな気がする。

しかし、これも勝ち抜くためには仕方ない。怒りっぽい夫のもとに、ただ子供の成長だけを楽しみに生きてゆく母親も、この苛烈な戦の下にあっては離れがたい子供とも手を別ち、きびしい空襲か遥かの空から互いに安否を気づかわねばならぬのである。やっと思いがかなって、ようやく逢いにきても二日か三日でまた別れねばならないとは……。

振り返りつつ帰る母親、姿が見えなくなるまで見送る幼子。

お互いに勝利を信じればこそ、昔は浄瑠璃にでも語られそうなこの場面も普通のことと見られるのである。

あんなにも死守を叫んだ沖縄もついに敵の手に入り、いよいよ最後の本土決戦を迎えるばかりとなった。これに敗れれば再び決戦場たる国土なく、我々は三千年の歴史を閉づる以外に道はなくなるのである。

こんな片田舎の小さい工場で働いているのも、こんな非常の時だからこそである。まわりの人々の荒々しい言語、「おい」とか「姉ちゃん」とかはまだよいほうで、聞くにたえぬ野卑な言葉にその場を逃げだしたく思うことは何度か。

いくら自分で身を堅持しても、こんな空気の中で毎日毎日を送ってゆけば、いつか自分の身が荒らされることと思う。


待望の黒江さんからの手紙を見て、今さらに今までの勤めが上品であり、私達がいたわられていたかを感じる。ふんわりと包まれていた私の心は荒地に投げ出されたように、荒々しい空気の中に置かれ、世の中の波風も直接に吹き荒れているようである。

しかし、身を荒《すさ》ませてはならない。まわりに感化されてはならない。どこまで今まで持ちつづけた自分を守り通せるか。これもまた敵性に対応する手段であろう。

新しい勤めに入ってから何かにつけ前の経験が顔を出して一つ一つ批判するような気分になってしまう。

また日航入社の当時と比べ、何と自分が悪く世慣れしてしまったものだろうと、遠慮すべきところに遠慮せず、図々しく構えている自分にハッと気がつくと恥ずかしくなってしまう。

まだお友達もない。何だか取り残されたような気持でポカンとしてしまうこともあるし、皆の中で気をまわしすぎて余計なことをやったなと恥ずかしくなってしまうこともあって、ただ人々の心の中にちょっと首をつっこんでは様子を探っているというような、甚だ自分の宗旨に反したことばかりやっている。

方々の香をかぎまわる犬のように、自分に好意を示してくれる人をかぎまわるその嫌な気持はまた、そういう人かと思われてしまいそうな気がして、一日も早く自分の希望する、また自分の個性となっていると思う性質も発揮したいものと思う。

暗に自分を偽るようで心が落ち着かないし、またますます心が荒むようにも思われて不安でならない。

七月七日（土）

思えば今日は七夕祭りの夜である。長い間の優しい風習も人々の頭から忘れ去られてしまうような荒々しい、そして慌しい戦の日々である。

久々になつかしい友へ便りを書く心、落ち着いたその気持も、ふと七夕祭を思い出したときのように深い深い心の静けさに帰るときである。

空襲も何も知らなかったあの頃、きらめく星空の中に白く走る天の河原を仰いで、優しい伝説を聞いたあの夏の夕。浴衣の袖を夜風になびかせ、団扇を使いながら夕涼みに歩く人々の群をながめていたあの頃、過去を思う気持は限りない。

しかし、今我々の経験しつつあるこの苦難は、いつの日か後代の人々が経験することがあろう。この偉大な事業にたずさわる私達昭和の民は何と幸いなことでもあろう。

私達のこの苦しみを無駄にはすまい。幾百年もの間、圧政に苦しんだ東亜十億の民解放のためには、まだまだこのくらいの苦しみではすむまいと思われる。

我々の戦は今まで行われた戦の類ではないのだ。苦しみも、またかつて経験されなかったものであるかもしれない。

数限りない戦災者の群、一夜にして一人となった人々、親は子と別れ、子は親と別れて、ただ戦のためにとゆく人々は、その渦中にあっては気づかずとも、ふと過去をかえりみるとき、あまりのへだたりに夢見る心地がするのである。

黒江さんという友もまた、この戦でなければ得られぬ人であったであろうけれど、考えればあまりに離れるに難い人であった。

生まれ故郷の東京も去らねばならなかったこの身に、せめて心のうちをありのまま語れる友が身近にあったためかと思う。

荒々しい生活の変化はときどき耐え難いまでに思われる。友があったなら、どんなにか嬉しく心強いことか。

もしこの菅谷に友を迎えて共に語り慰めることができうるなら。しかし、私という人間は、人なつかしくてたまらぬのにかかわらず、なぜか人々に近づけぬ性質がある。

この工場生活を続けるなら、私は一人となっても本当に変わり者になってはしまわないかとさえ思われる。

あの鈴木さんのように、横から見ればあまりかんばしくないのに、前から見るとなかなかきれいだと思われるような人は案外人に好かれる、

ツルちゃんは社交家だからもちろんだし、丸山さんも人好きのする人ではないが、積極的だから一人になるときもない。

黒江さんはまたいろいろ揃っているから、あの人ほど恵まれた人はない。美しく、優しく、明るいから自分が努力せずとも自然に人々から愛され、人も集まる。花のような人である。

私はまた何と生まれついたものか。道端の石ころのような性格の持主である。女の人にも、もちろん男の人にも興味のない顔をしているらしい。まわりの人がときどき悪いと思って、お義理に言葉をかけてくれるくらいなものだろう。

また、自分からもあまり近づいてゆきたくもないが、淋しがりやだから一人はやっぱり淋しくなる。どうかしてこんな性質を打開してゆきたいと思うが、なかなかできぬ。だんだん年とって淋しくなってしまうのかしら。

騒ぎたくはないが、あまりに心の中が淋しい。私とあまりにかけ離れた友を持つのは幸か不幸か、私はただ羨ましく思うだけだ。

七月十三日（金）

七月も半ばとなり、やがて八月がくる。八月は旧のお盆。いつしか田舎の生活になじんで次第に土地の者らしくなってきた自分を感ずる。ときどきふと外来者の淋しさを思うけれど、考えてみれば母と二人の生活はこの上なく楽しい。

兄はかねて望みの華北の地へ翔《かけ》て行った。戦局日々新たな今日この頃、望みの土地へゆくとはいいながら、兄はどんなにか後が心配であったろう。私自身としてもでき得るかぎり母をいたわって心配させぬようにしたいものと思う。

会社も一ヶ月と少し経ち、また一人入ったので少し肩身が広くなった。ただ机のないのが何ともつらい。始めのときよりずっと図面に慣れたので、そんなにまで気がつかれないけれど、あまりよい気持ではない。早くどうにかならないものかしら。

福地さんは入社してからずいぶん印象深い人だったのに辞めてしまった。

片岡ツルちゃん、もし本当にあの片岡さんがお父さんなら、自分の娘があんなに職場ずれしているのが心配にならないのかしら。

同じ年の私でさえ心配になってしまうのに、私はあんな生活に生き、あんな会話で日を送るなら、人生の意義は感じられない。それは結婚も重大なことに違いない。しかし男の人の気持をそそるような野卑な会話はしたくない。女同士ならもっと違った話ができそうなものなのに、ちょうど男の人が女の人と話しているようなものだ。

鈴木さんもその渦中に巻き込まれているのだけれど、結局、あんな話題をもたれたのは、始終男の人がからかうからだろう。私もいつかその一人となるのだろうか。

鈴木さんはとにかくあまり敬意をもって付き合える人ではないような気がする。年も下であるし、それだから余計今からあんなではと心配にもなるのだが、でも気持は良い人らしい。

丸山さんはあまり好きではないし、ツルちゃん、鈴木さんがこれからの私の仲間というわけだ。丸ちゃんは冒険ダン吉の漫画に似ているような気がしてならない。笑ったりすると余計だ。

八月九日（木）夜

この前、日記をつけて、福岡への移転だったので何やかやと一ヶ月が経った。会社も工員の人達の名前を覚えるにつれ向こうからも次第になじみ、ツルちゃん、鈴木さんのお友達もできて、私の嫌いな独りボッチの生活から離れることができるようになった。じゃが芋ふかしも忙しく、またついに先一日夜、水戸も焼夷弾攻撃を受けて、方々からの来客で忙しい。

戦局も沖縄失陥と同時に空襲小型機、大型機の来襲は日を追って激しくなりつつある。嘘か真か、九州に敵三ヶ師団が上陸を企てたという。

機動部隊が近海にいるとかいって、再びあの夜のものすごい艦砲射撃を思い起させる。本日、午後五時、大本営よりソ連と満洲国境で交戦中との発表があった。この重大戦局下、最後の恐るべき段階がついに来たのである。生命はもはや思わぬ。ただ日々を戦力に注がんため、日々を思うて働くのみ。

ついに四周皆敵となって我国民はかえって生命を思わぬところより生まれた一大勇猛心を起こし、敵に対するであろう。

皇紀二千六百余年、天皇のために祖国のために、我ら敢然と死す。

幸いにしてこの戦に勝ちうるなら、残る子孫よ、この美しき国体を世界にさかんたらしめよ。

我らは皇国の歴史守らんがため、勝利を信じてゆくのみ。

国難来る。ついに来る、戦わんかな。

四周敵なるも、今にして生くることは願わず、ただ死することのみ心に浮かぶ。日本人らしい死に方をしたい。

アメリカに手いっぱいであった日本に、果してソ連を迎えるだけの力ありや。

しかし我らは祖国を疑わず、勝利を信じてゆく。

敏郎も大病してようやく治ってきたが、この重大時局下、体も弱いし、やっぱり親元のほうがよいと思うので、一応帰すことになった。

いつまた来られるやら。かわいそうでも先を思えばどこにいても同じことになる。かえって東京のほうがよいかもしれない。

八月十六日（木）

昨十五日、ちょうど電休日であり、また大姉が敏郎をつれて帰るというのに、あいにく朝からの空襲でどうしたらよかろうと迷っていたところであった。

十二時から、かしこくも「天皇陛下の御放送がある」とのこと。耳を疑ったが、つい先日ソ連からの宣戦布告があったばかりなので、それにたいする帝国の態度など、いずれにしても重大なことの由を感じた。

大姉はともかく出発することとし、警戒になったのを幸い正午少し前に家を出た。私は途中で忘れ物を取りに戻り、正午の御放送を気にしながら遅れて駅にかけつけてみると、ちょうど始まったばかりであった。

天顔はわずかに新聞紙上で拝するのみであった現人神《あらひとがみ》の玉音を耳近くに聞き、身の引き締まるのを感じた。

途中からであったので、仰せられてある御言葉の意味がのみこめなかったが、後の鈴木首相が何かのお話の中で「帝国は矛を収める」「これ以上、国民を空襲の犠牲にするに忍びぬ」とか。

戦争完遂としては、あまりに意外な言葉があり、米英ソ支四国に和を乞うたことを知った。

発表が何となくややこしいためか、田舎の人にはあまりに意外でもあったかして、ピンとこないのか、何やら要領を得ぬ顔つきをしていたが、あまりの事の意外さに茫然としてしまった。

三千年の歴史を誇る帝国は歴史始まって以来、初めて外国に和を乞うたのである。

「国体は護持されます。しかし、今や帝国はかつての帝国ではないのであります」と放送員の声も震えを帯びていた。

「我々はこの日を永久に記憶すべきであります」と……。

なぜ帝国は今これからというとき、恥ずべき降伏をせねばならないのか。一億は健在である。精強なる皇軍は敵来らばと満を持している。横穴式航空機工場は着々とその工程を進めつつある。

今、天皇の御放送の今も来るべき本土決戦に備えて着々と進みつつあるこのとき、突如手を上げるとは……。まさに痛憤やるかたない気持であった。

しかし、故を正せばソ連の宣戦と原子爆弾の使用により敗るるを知りつつ戦うのはあまりに無意味である。

最後の一兵までという、そして国民もその日あるを覚悟していたのではあるが、海陸四周に敵を受け、あまつさえ上陸に先立つ原子爆弾で爆撃されれば、わずか十数日で本土は一木一草ことごとく焼滅、枯死の外はないのであった。

国民の覚悟決まれりとはいえ、民族滅せば我が帝国日本は永久に地球上よりその姿を消さねばならないのである。このとき忍びがたきを忍び、一時降伏し、再び帝国の再建に努力することは、大きく考えればそうなければならぬのであった。

世界ことごとく敵となった今日、ついに最後の戦火を収めた。帝国は本土いまだ傷つかずとはいえ、その条件の苛酷なるは覚悟せねばならない。国体護持のために……。

鈴木老首相も十五日、総辞職をとげた。

かくも忠誠なる老将軍の、一億の痛恨やるかたなき、痛恨尽きるなき米英に対する怒りを一身になって最後まで戦える姿は、さすが忠臣と言われるだけあると思わざるを得ぬ。

今まですべて首相に選ばれたる人は、それだけの決意なく勇気なき人々であった。「国民とともに最後まで」と言って、苦しくなると手を打ってその職から辞すごとき。鈴木首相の決意を想い見よ！

この日を覚悟して、ただ大君の御ためと、この苦境を老躯にすぎたる重荷を負うて来りし老首相を、国民は政府、ことに首相を恨むべきでない。政府はその場合において、できうる限りのことをやってきたのであろう。

ひるがえって己の心をかえりみよ！

恥ずることなかりしか。

敗戦の日が明日あるを知らずして、職を怠り、業をやめて、日夜己のことにきゅうきゅうとしておらざりしか。

国民は戦前において、あまりに米英思想に毒されていたのであった。

日清日露の両戦役において、国民の挙げて注ぎし情熱、忠誠心を想いみよ。

声をからして叫ぶ政府の声を馬耳東風と聞き流し、戦力を害せし者、いかに多かりしか。

戦前においてあまりに米英思想に毒されていた我らであった。

日清日露当時の頼もしき日本人はわずかに残るばかりであった。

今それに気がついたのはあまりに遅かった。しかし、今からでもよい。

日本人よ、すべて目覚め、かくも光輝ありし三千年の歴史を汚したる我ら昭和の民の犯せる罪を現生に悔い、ここに真の日本人となりて帝国の再建に努力を致すべし。

現生のあげく、かくかくの武功、世界を驚嘆せしめし皇軍の精強兵は一朝にしてやぶれ去りぬ。

「精強なる帝国の皇軍、今やなし」。

何たる痛恨ぞ。

我ら断腸の思いにてラジオの前に首をたれぬ。

南に北にこの放送の一瞬前まで、ただ勝利のためと悪戦苦闘つづけつつありし将兵はいかにして御放送を聞くならん。

天皇の御心中、下りては将兵一人一人の上を想えば、熱涙胸にせまり、言うすべもなし。

我らただいかなる苦難にも打ち勝ちて、我らの子孫に光輝ある歴史をつがせばや。

八月十七日（金）

敗戦の日より三日、人々の落ち着かぬこと著しく、また放送、新聞等不便なるため、デマか真実かしきりに耳に入る。「皇太子殿下が政治をとられる」とか「敵が上陸する」とか、その夕方には「どこかに上陸した」とか次々と伝えられる。

国民のかつて経験したことのない一大事が起ったのであるから、国民の動揺想いみるに余りある。

しかしながら、いたずらに騒ぐのは、敗れたりとはいえ大国民としての資格を失うことになる。冷静に来るべき艱難《かんなん》を大きな心をもって待ち受けよう。

十九日会社へゆくのだが、どうなることやら。きまりがつかないので家にいても不安となる。

上陸は本当かどうか分からぬとしても、京浜地区の避難は本当らしい。

大姉さんは帰ったばかりでどうしていることやら。今さら田舎にいてよかったと思う。

八月十九日（日）

八月十四日午後十一時、三ヶ年にわたる大東亜戦争の終結に関する大詔渙発《たいしょうかんぱつ》（詔勅を広く国の内外に発布すること）あらせられ、十五日正午、かしこくも玉音をもって古今未曽有の御放送あらせられたるを拝して、

皇軍の涙と血もて築きたる 大東亜戦 遂に終わる
我ら一億 ただラジオの前に号泣するのみ
尊き玉音も曇りて耳に響くなり
四海敵となれる今の日本の心を 誰が思い慰むならん
慰むるものはなし
ただ日本人たるもの相ようして涙もて互いに慰め合わん
痛恨限りなく、痛恨尽きるなし
湧き出づる涙もて戦の塵　洗い落さん
しかして清々しき心もて 新日本建設に立ち向わん
二千六百有五年 いまだかつて敵に侵されざる日本

三ヶ年を戦いて ついに鉾《ほこ》を収む
米英ソ支に和を講じうなり
輝ける歴史 汚せし我らの罰《つみ》
何の故もて祖先の霊《たま》にまみえんや
果敢につづくを信じ 必勝を信じて散りし勇士にや
ただ祖先の霊に誓うのみ
「新日本の再建必ず達成せん」と

八月二十日（月）

人々の落ちつかぬ間に早くもあの日より六日が過ぎた。

当時は「何をこれしきで降伏して」と猛り立った人々の心も幾分静まってか、まだ二人寄れば戦の話で興奮するほどだけれど、自分一己の興奮からさめて四周を見る気持になってきた。

人々もまだ何となく定まらぬ気持らしく、菅谷のような町でさえ一歩踏み込むと何となくものものしい感じがする。

新聞では盛んに国民の平静を叫ぶ。

物事に鈍な地方の人さえこの通りだから、ことに首都東京などはどんなかと案ぜられる。

昨日は一日中大砲らしい音が鳴り響き、あの日以来、友軍機が休みなく頭上を飛びかう。

兵隊さん達がやけになって大砲を射ち、ガソリンを消費しているとのこと。

我々一般民はもとより、第一線を承る兵隊さんたちはどんなにか、どんなにか残念なことであろう。

しかし大詔は発せられ、戦は休戦となったのである。

本当のところ、大詔を拝したとたん、体の芯が抜け、今までの張りつめていた気持がゆるむような気がした。再び立ち上がるとしても、我々が勝つとは思えない。

八月二十六日（日）

昨日、会社で解散の宴が張られた。

入社以来二ヶ月半にして、ついに会社を辞めることになるとは、誰が思いもうけよう。六月六日のあの日、おそるおそるながら横井への道をたどって行ったこと。そっとガラス戸を開けて加藤さんに面会したことなど、思えば夢のようである。

洋々たる戦の前途を思い、二年でも三年でも戦勝の日まで続けようと心に誓った自分であった。思えばあまりにも国勢を知らず、またあまりに国民としての務めの足りなかったことであった。

戦勢はすでに決した。戦は敗けたのだ。

わずかのお酒を酌み交わして一年有半の交わり、また互いの努力の感謝を、お互いの目に見合って心からならぬ騒ぎを広げてゆく人々。六月半のわずかな間でさえなつかしい気持がするのに、一年有半を敵の空爆下、戦火をくぐって汗水を流し、油にまみれて今日まで勝利を夢みて働いてきた人々を想えば、痛ましい気がする。

職を離れて、これらの人々はこれからどうやって家族を養ってゆこうとするのだろう。家族の多い人ほど、これから先の生活はいよいよ暗いものを感ずるであろうに。

事務所もついに解散となり、私もまた一人となった。いくらももらうわけではないが、女学校を出てから三年有余、毎月少しなりとも頂けたものが、これから来ぬとなると何となく不安な気がする。

支那の兄からも月々来るわけだけれど、こんなことで兄もどうするのだかわからないし、当分は大丈夫というものの、心細いような気がする。

とにかく思いがけなくも夢のように会社を辞めることとなった。そうはっきり決まると何だかどうでもよいようなもののやっぱり気が抜けて、何をするのもつまらぬような感じが伴い、不精になって身が入らない。

片岡さん、鈴木さんにも悪かったような気がするが、何としても疲れたようで仕事をする気がしなくなった。

昨日で終わりかと思ったら、あと一日というので、今日は昨日の宴会の後片付けをしに行った。六月半の短い間ではあったが、よく親切にしてくれた片岡、鈴木さんと終わりまで一日いたかったが、何となく気が進まなくて早く別れた。

いよいよ新生の出発だ。五年在学中に大東亜戦争が始まり、今日までほとんど家庭人としての生活の経験のない自分は自信がもてない。まして平和になったとはいえ、国民は戦時にもましての苦しい生活を続けなければならないのだ。

経済的にいま困らなくても、食料その他、相当の困難の叫ばれているとき、かといって百姓一本でやるわけにもゆかず、ちょっと困る。

とにかく習い覚えたミシンで生計を立ててゆきたいと考えたものの、そんな大したものにはなれそうもなく、まあ小遣いかせぎと昔なら言うところだが、お茶かせぎの程度、それもできるかできぬか、ひとまずやってみようと思う。

一年中忙しいお百姓さんからみれば、いかにも遊んでいるようにみえるだろうと思うのが、ちょっと心がかりであるが。

九月一日（土）

黒江さん、お元気でいらっしゃいますか。

わずかの間に何と国の移り変わりの激しいことか。

思いがけぬ日本の降伏はどんなに私達の心を乱し、驚かせたことでしょう。

必ず勝つと信じていましたのに、本当に口惜しいことでした。

しかし、お互いの努力が至らなかったのですから致し方ありません。

農村の朝夕、盛んなセミの鳴き声に眼をさまし、深いモヤの中にかすかにぼんやりと見透かせる田の向こうの杉山、田畑の一面をこめる深い深いモヤが次第に眼に見えず薄れてゆくと、今日晴天を約束するような日が赤々と差し込むと見るまにモヤは一時に晴れて、仰げば晴朗な青空が頭上に広がっている。

早や一日の暑さを思わせるような日ざしが木の間をもれて、チラチラとおどる朝が来た。再び活動の一日が訪れた。

「秋は夕暮れ」と昔の人の言った秋とはなり、あわれ浄《きよ》い虫のホロホロと鳴く声がそこかしこに聞こえる。敗戦の日本には殊に耐えがたい秋である。

国の移り変わりをよそに山河はとこしえに変わらず、稲は実り、芋の葉は畠をおおって、美しい秋は訪れたのである。

農家の人は美しい。鈍重な神経よと笑ったのは過去の都会人の悪癖であった。日々もくもくとして戦力に汗とあぶらをもって寄与した農民は、図太い神経にガッチリと敗戦の嘆きを受け止めて、いつに変わらず、いや今後の真の自分たちの使命を早くも悟って、一層の汗とあぶらを流すのである。

都会人、名はよかったが、その実の何とはかなきこと。

いま国民はすべてこの農民に感謝せねばならない。

かつて都会人の誇った都会は、今は過去の仇敵米英の進駐を迎え、日本人の都会ではなくなった。

農村に疎開している都会人の切ない願いは、再び勝利の東京に戻ることであったが、勝利あらず敗戦となった今日、何で都会に帰り得よう。

（了）

付記——米軍兵士だった夫・ピートさんの戦争体験

長女　和子

母の八月二十六日の日記に、「いよいよ新生の出発だ。五年在学中に大東亜戦争が始まり、今日までほとんど家庭人としての生活の経験のない自分は自信がもてない。まして平和になったとはいえ、国民は戦時にもましての苦しい生活を続けなければならないのだ」とありますが、戦争が終わり、「いよいよ新しい生活が始まった。苦しい生活は続くけれど、落ち込んでいるわけにはいかない」という思いが母を奮い立たせていたようです。

それから間もなく、母は結婚して二人の子供に恵まれました。長女の私と妹です。

三十年後、戦後生まれの私の身にも大きな変化がありました。それはアメリカ海兵隊の元兵士ピートさん（Pete Guy）と結婚し、渡米したことです。

入隊したばかりのピートさん

ピートさんは一九二五年八月、ケンタッキーの田舎で生まれました。今でも教会と郵便局と万屋《よろずや》とガソリンスタンドが一軒ずつあるだけの小さな村です。

三歳のとき世界大恐慌のあおりでご両親はデトロイトに移り、彼はそこで育ちました。

十六歳のとき戦争が始まり、すぐUS Marine Corps（アメリカ海兵隊）に志願しました。ピートさんはこの時、「日本」という国を聞いたこともなく、まったく知らない国だったそうです。

訓練の後、すぐ太平洋の戦線に連れて行かれ、三年半の間、島から島へと転戦し、最後は日本の佐世保に占領軍として上陸し、そこから帰米したそうです。その三年半の間は自分が生きてアメリカに帰れるとは思わなかったそうです。

入隊してだいぶあとのピートさん

戦争中、あるジャングルの中で日本兵と接近戦になったとき、アメリカ兵が「ファック、トージョ！（くたばれ、東條！）」と怒鳴ったら、日本兵はアメリカ大統領の名前（当時の大統領はルーズベルト）を知らず、「ファック、ベーブルース！（くたばれ、ベーブルース！）」と言い返してきたそうです。アメリカ人

入隊直後、親友だったフレッチャーさん（右）と

といえばベーブルースしか知らなかったのですね。
その頃、アメリカでは有名な映画俳優も数多く戦争に参加していて、ある島にタイロン・パワー（一九一四―一九五八）がパイロットとして来たのを見たそうです。タイロン・パワーは「世紀の美男子」と言われ、アメリカの映画俳優の中でも特にハンサムな人として有名でした。
私が「やっぱり映画で見るようにハンサムだった？」とピートさんに訊いたら、「まあね。僕ほどではないけどね」ですと……。事実、ピートさんはなかなかのハンサムで、若い頃は女性にずいぶんもてたようです。
それはともかくとして、ピートさんは硫黄島の上陸部隊の一員でもありました。「自分は戦車部隊だったので生き残ったけれど、外の銃撃隊の一員だったら絶対に助からなかった」と言っていました。とても激しい戦いだったそうで、ピートさんの親友で写真を一緒に撮ったフレッチャーさんも、ここで亡くなっています。フレッチャーさんはギターがとても上手だったそうです。

硫黄島の戦いについてはクリント・イーストウッド監督の映画『父親たちの星条旗』と『硫黄島からの手紙』という二部作をご覧になった方もおられるかと思いますが、その戦いはアメリカ軍にとっても想像以上に苛酷なものでした。なにしろアメリカ軍は五日間で占領する計画だったのが、戦闘は一カ月以上（一九四五年二月十九日〜三月二十六日）続いたのですから。

アメリカ軍は日本軍の三倍以上の兵力と絶対的な制海権・制空権を持ち、予備兵力、物量、補給すべてにおいて圧倒的に優勢だったにもかかわらず、死傷者二万六千人以上を出し、日本側の死傷者二万一千人より多かったそうです。アメリカの国立アーリントン墓地の北側には、六名の海兵隊員が硫黄島の擂鉢山の山頂に星条旗を押し立てているモニュメントが設置されています。

ピートさん所属のアメリカ海兵隊はときどきハワイのカウアイ島に滞在することもありました。カウアイ島には日系人が多くいましたが、アメリカ政府から虐待もされず、強制収容所送りになった人も少なく、アメリカ軍人とは仲良くやっていたそうです。

ピートさんも十七歳くらいの頃、日系のキクエさんという人と恋に落ちたそうです。それがピートさんの初恋だったそうで、彼女のおかげでピートさんは終生日本人女性が大好きだったようです。

硫黄島での戦いに勝利したアメリカ軍は、四月一日に沖縄本島に上陸し、そこでも激戦が繰り広げられ、沖縄の住民も多数犠牲になりました。そして原子爆弾が八月六日に広島に、九日には長崎に投下され、十五日に昭和天皇の「玉音放送」がありました。この玉音放送によって日本国民は戦争が終わったことを初めて知らされたのでした。

ピートさんたちが日本への上陸部隊として佐世保沖に停泊しているときに八月十五日になり、終戦の報が入ったときはみんな大喜びしたそうです。そのとき佐世保沖には何千という戦艦が上陸に備えて停泊していたそうです。おそらく日本中の海がアメリカ軍の艦船でいっぱいだったことでしょう。軍艦は灯火管制のため灯りを消していましたが、その夜は灯火管制がとかれ、一斉に全部の船に灯りがつき、港一帯が街中のように明るくなったそうです。

多くの兵隊たちが祝砲のため銃を空に向けて撃ちだしたので、司令部はあわててそれを止めたそうです。「上に向かって撃った銃弾は、みな頭の上に落ちてくるんだぞ！」と言って。アメリカ兵たちにとっても、終戦の知らせがどんなに待ち遠しく、息のつけることだったでしょう。

このときのことをピートさんが話しているのを聞くたびに、私は涙が出て仕方がありませんでした。勇んで上陸してやろうと思っている人ばかりではなかったと思います。

ピートさんの母親と

一九四五年八月三十日にマッカーサー最高司令官が厚木基地に進駐してきましたが、その一週間前にピートさんは海兵隊の第一部隊の一人として佐世保に上陸しました。ピートさんの二十歳の誕生日の一週間あとのことです。日本人の水先案内人が乗船して佐世保港に入っていったそうです。その案内人のアメリカ人を見る目はおっかなびっくりで、アメリカ人が同じ人間だとは思えないような様子だったそうです。

佐世保港は狭い入り口が小高い山で挟まれていて、両側の小高い山には数知れないトーチカ（コンクリート製の堅固な小型防御陣地）が、大砲をみな入り口に向けてあったそうです。ピートさんはそれを見ながら、ここを戦いながら入っていかなければならなかったらアメリカ兵にもどんなにかたくさんの犠牲者が出たかわからないと思ったそうです。

上陸しても家々は固く閉ざされた窓が少しずつ開いていて、そこから住人たちが覗いているようだったそうです。

佐世保に滞在してしばらくすると子供たちがあちこちから出てくるようになり、ギミーチョコレット（チョコレートを頂戴！）、ギミーシガレット（煙草を頂戴！）、ギミーチューイ ンガム（ガムを頂戴！）などと言いながらついてまわるようになったそうです。


ピートさんたちは十一月末、帰米第一船でサン・ディエゴに向かいました。船はものすごく混んでいて、朝食のために食堂に並ぶと、食事にありつく頃にはもう昼食の時間になっていたそうです。

ピートさんたちが凱旋してサン・ディエゴに着いたとき、Welcome back!（ウェルカムバック、お帰りなさい）とかJob well done!（ジョブウェルダン、よくやった）といった

サン・ディエゴのナッツベリーファームで、同い年だった私の母と（2000年頃）

サインが掲げられ、市民の方々がドーナッツやコーヒーなどを用意して出迎えてくれたそうです。ところが、そういうところは素通りさせられ、電車の箱に乗ったまま検査場に連れて行かれて、そこで精神鑑定を受けさせられたそうです。何しろ戦争帰りの荒くれ男たちなので、一気に街に解放したら喧嘩やさまざまなトラブルを起こしかねないという判断でしょうか。

ピートさんは戦争の恐ろしさや悲惨さについて詳しく話すことはほとんどありませんでしたが、自身は戦争から帰ってから二、三年は恐ろしい夢で眠れなかったり、うなされたりすることも多かったそうです。

三十歳を過ぎても独身だった私は、アメリ

カに行って働いてみたいと思っていました。たまたま、母の女学校時代の友人で、ハワイ大学の教授をしているアメリカ在住の日本人女性がいたので、母に頼んで「娘がアメリカに行きたがっているので、どなたか紹介してもらえないだろうか」とその人に手紙を出してもらいました。そしたらピートさんを紹介してくれたのです。

母の友人はアグネスさんといい、ピートさんはアグネスさんの住んでいるマンションのセキュリティの仕事をしていて、日本人のいい女の子はいないかなと話していたらしいのです。

話はとんとん拍子に進み、私たちは結婚することになりました。私が三十三歳で、ピートさんは母と同じ年生まれの五十九歳、もう少しで六十歳になろうとしているときでした。二人とも初婚でした。私の場合はそれまでに良い縁がなかったからですが、ピートさんはガールフレンドが多すぎて、一人に決められなかったとか。

母は結婚に反対はしませんでした。何事も積極的で物怖じしない私の性格をよく知っていたので、自由の国アメリカは私に向いていると思ったのかもしれません。

ピートさんが日本人女性が好きというのは、初恋の人が日本人だったことも大きいかもしれません。でも私と結婚してから「日本人の女の子はこんなはずじゃなかった」と冗談まじりによく言っていました。ただ、私の家系の人間はみな情にもろくて流されやすいという話をしたら、「僕は、日本人のそういうところが好きなんだ」と言っていました。

私の父はシベリア抑留者で、六十二歳のときに亡くなりました。父から聞く戦争の話は重くて暗い話ばかりだったので、聞きたくないという感じでしたが、ピートさんの戦争体験を聞くとまったく違った感じでした。戦勝国の人間と敗戦国の人間の話という違いはありますが、ピートさんは暗い話をするのがイヤだったようです。

しかし、ピートさんが体験した戦争も決して生易しいものではありませんでした。戦地では常に死と隣り合わせであったし、目の前で仲間が死んでいくところや、サイパンでは降伏を拒んで、崖から次々に飛び降りていった人たちを見ていますし、沖縄では特攻機が次々に撃ち落とされるのを目撃しています。また長崎には原爆投下直後に入港したためピートさんも被爆し、慢性白血病で体のあちこちに故障がありました。

原爆投下直後の光景を目の当たりにしたこともトラウマになっていたかもしれません。被爆した人たちが列をなして、夢遊病者のようにぞろぞろと右往左往していたそうです。「彼らは何が起きたのかも、どこへ行けばいいのかも分かっていなかったようだ」とピートさんは言っていました。

戦後生まれの私は戦争体験者ではありませんが、愛する母と夫が身をもって体験してきた戦争のことを、このような形で語り継ぐことで戦争の愚かしさを少しでも伝えることができればと思っています。

「僕はお母さんより七カ月も若い」とよく言っていたピートさんは九十五歳で亡くなりましたが、母はまだ健在で今年（令和五年）で九十八歳になります。目も耳もよく、特に痛いところや病気らしい病気はありませんが、聞いたことをすぐ忘れるようです。

母のおかげで私はアメリカに行きたいという夢も叶い、日本人の好きな優しいピートさんと出会って楽しい日々を過ごすことができました。今は母に一日でも長生きしてもらえるようにケアに努めているところです。

著者プロフィール

望月 嘉代子（もちづき かよこ）

大正14年生まれ。東京都出身、在住。聖学院卒業。

昭和二十年、二十歳の日記

2023年 8 月15日　初版第 1 刷発行

著　者　望月 嘉代子
発行者　瓜谷 綱延
発行所　株式会社文芸社
〒160-0022 東京都新宿区新宿1－10－1
電話 03-5369-3060（代表）
03-5369-2299（販売）

印刷所　株式会社フクイン

ISBN978-4-286-24332-0